Swar Vistaar

60 Hindustani Raaga

Rajen Jani

First published 2018

NON-FICTION

MUSIC / General
MUSIC / Genres & Styles / Classical
MUSIC / Genres & Styles / International
MUSIC / Genres & Styles / Folk & Traditional
MUSIC / Instruction & Study / Exercises
MUSIC / Printed Music / General
MUSIC / Reference

Jani, Rajen, 27 April 1964—
Swar Vistaar: 60 Hindustani Raaga / by Rajen Jani

ISBN-10: 1721822119
ISBN-13: 978-1721822119

PREFACE

Swar Vistaar (literally, musical note expansion) is one of the important ways of learning Hindustani Classical Music. It gives a very firm understanding of the Swars.

Normally, the Swar Vistaar starts in Mandra Ashtak (Ashtak is explained in the term Saptak Swar Ashtak Krama as given in the Appendix of this book). From Mandra Ashtak, it gradually goes to Madhya Ashtak, proceeds to the Taar Ashtak, and comes back to end in the Madhya Ashtak or the Mandra Ashtak. Once this way of practicing is mastered, then the student may start, continue, and end the Swar Vistaar in any Ashtak.

While practicing Swar Vistaar, it is important to notice how each Swar is influenced, by the preceding and succeeding Swars. How each Swar acts on another Swar, can be realized only by direct experience of listening and practicing. Listening to the renditions of experts is a very important part of practicing. A person may have a 'musical sense', but listening develops a 'musical ear', which helps a person to become a musician. Hence, different expert musical renditions should be heard, in order to practice Swar Vistaar effectively.

In this book, the Swar Vistaar of sixty different Hindustani Raaga-s are presented. They are given along with Meend, Aandolan, Kan, and Vakra, wherever applicable, to facilitate enhanced practice.

While every care has been taken in the preparation of this book; nevertheless, if any error is present, do kindly let me know so that it is rectified in the subsequent edition.

With all good wishes, I present this book to all students, who may be vocalists or instrumentalists, pursuing Hindustani Classical Music.

RAJEN JANI

Varanasi
June, 2018.

SWAR NOTATION

S	=	Ṣaḍja
r	=	Komal Ṛṣabha
R	=	Ṛṣabha
g	=	Komal Gāndhāra
G	=	Gāndhāra
M	=	Madhyama
Ḿ	=	Tīvra Madhyama
P	=	Pañcama
d	=	Komal Dhaivata
D	=	Dhaivata
n	=	Komal Niṣāda
N	=	Niṣāda

Mandra Ashtak Krama : ‘S ‘R ‘G ‘M ‘P ‘D ‘N S

Madhya Ashtak Krama : S R G M P D N S’

Taar Ashtak Krama : S’ R’ G’ M’ P’ D’ N’ S”

Aandolit	:	~	example	d~
Vakra	:	↬	example	↬G
Kan	:	( )	example	(‘N) S r S
Meend (ascending glide)	:	↗	example	D↗S’
Meend (descending glide)	:	↘	example	M↘r

CONTENTS

~0~

1. AASAAVARI

Aaroh	S, R M P, d, S'
Avroh	S' n d, P, M g, R, S
Pakad	R, M, P, n d P
Vaadi	d (Komal Dhaivat)
Samvaadi	g (Komal Gaandhaar)
Vikrut	g (Komal Gaandhaar) d (Komal Dhaivat) n (Komal Nishaad)
Varjit	G (Gaandhaar) and N (Nishaad) in Aaroh
Jaati	Auduv—Sampoorna
Thaat	Aasaavari
Samay	Din Ka Doosra Prahar

1. S R M, R M, P, P, d, n d, S' n, d, P, P↗R' S', n d, P, M P n d, (P) d M P g, R, S, R M, P n d P, M g, R, S
2. S, R M, P, P, d, P, d M, P d M P, g, R S, S, R M, P, P, d, P, n d, P, S', n, d, P, M P d M P g, R, S
3. S S M g R S, R M P d M P g, R S, R M P n d P d M P g, R S, R M P n d S', n d P, D M P g, R S
4. S R M P, P, d, P, n d, P, P↗S', n d, P, R' S', n d, P, g' g' R' S', R' S', n d, P, M P n d, P, d M P g, R M, P, P, d, P, d M, P d M P, g, R S, S↗S'↘S, S
5. S R S, S R g R S, S R M P g, R S, (S) R M P d M P g, R S, S R M P d n d P d M P g, R S, S R M P d, d, d↗S', S' n d p M g R S
6. S, R S, 'n 'd, 'n 'd, 'P, 'M 'P 'd, S, R M P d M P g, R, S

7. S', R' S', g', R' S', M' g' R' S', R' S', n d, S', n d, n d, P, M P, P↗S', n d, P, M, P, n d, P, M P d M P g, R, S

8. S S, d, P, n d, P, M M P n d, P, d M P g, R S, S g, R S, R S, 'n 'd 'P, 'M 'P 'd, S, R M P d M, P g, R, S

9. S R M g R S, S R M P d M P g, R S, S R M P d n d P d M P g, R S, S R M P d, S', n d P d M P d M P g, R S

10. M P, d, d, S', S', d, S', R', R', g', R', S', R' S', n d, n d, P, M P, g', R' S', R' S', n d, P, M P n d, P, S', n d, M P d M P, g, R, S

11. S' d, d, n d, P, S', n d, d, P, d M, P n d, P, d M P, g, R, R, S, S d S, R M, P, d M P, g, R, S

12. M, P d, S', S', g' R' S', M' g' R' S', g' R' S', R' S', S', d, n d, P, M P d, g', R', S', R' S', n d, n d, P, M P, S', n d, P, M P n d, P, d M, g, R S, R, S

13. S 'n 'd, 'P, 'M 'g, 'R, 'S, 'S, 'R 'M 'P, 'd, S, S, R M P, d, S', R' M' P', d', P', M' g', R', S', S' n d, P, M g R S

14. S, R M P, d, S', S' n d, P, M g, R, S, R, M, P, n d P, n d P d M P d M P g, M g, R, S

15. S 'n 'd, 'P 'M 'g, 'R, 'S, 'S 'R 'M 'P, 'd, S, S R M, R M, R M P, d, S', R' S', S' R' M' g' R' S', R' M' P' d' P', P' d' n' d' P' d', n' d' P' d' M' P' d' M' P' g', R' S', S' n d, d, d d n d, n d, d, P, M g, d M P g, R, S, S 'S S S' S

~0~

2. ADAANAA

Aaroh S R M P, d N S'
Avroh S' d n P M P, ↬g M, R S
Pakad S', d, N S', d, n P M P, ↬g M R S
Vaadi S' (Taar Shadaj)
Samvaadi P (Pancham)
Nishaad Both Shuddh and Komal Nishaad (N, n)
Vikrut g (Komal Gaandhaar)
d (Komal Dhaivat)
n (Komal Nishaad)
Vakra ↬g (Komal Gaandhaar) in Avroh
Varjit d (Komal Dhaivat) in Avroh

[Some omit Komal Gaandhaar in Aaroh and Komal Dhaivat in Avroh. Some use Shuddh Dhaivat in Aaroh.]

Jaati Sampoorna—Shaadav

[Shaadav, if Komal Dhaivat in Avroh is omitted.]

OR

Shaadav—Shaadav

[Shaadav-Shaadav, if Komal Gaandhaar in Aaroh, and Komal Dhaivat in Avroh, are omitted.]

Thaat Aasaavari

[Aasaavari, if Komal Dhaivat is used in Aaroh.]

OR

Kaafi

[Kaafi, if Shuddh Dhaivat is used in Aaroh.]

Samay Ratri Ka Teesra Prahar

[Some believe that Raag Adaanaa is made from the fusion of Raag Kaandaa /Kaanhadaa and Raag Megh.]

1. (P) M P, (P) S'↘n d (S') N S', N R' S', S', (P) n P, (M) ↬g M, R S, M P (n) d N S', (S') N S' R' S', (S') N S' R' (n) d N P, (P) n P M P, (M) ↬g M R S

2. (P) n↘P, M P, P n, (M) P↘↬g, (M) ↬g M, (M) P (M) ↬g M, R S, R, S, 'N S, (S) M P (n) d N S', S' N R' S', (S') N S', R' (N) d n P, (P) M P (S') N S', (M') ↬g' M', (S') R' S', (N) S', S' R' (N) S', n d N, N R', N S', d N S', (S') R' S'

3. (M) n P, (M) ↬g M (P) S', d (n) d n P M P, P n, (M) P↘M ↬g, M (S) R S, S (M) R M P (N) d n P (S') N S', N S'↘n d, N R', S'

4. (P) M P S', (N) S'↘n d, n P M, P n, (M) P↘M ↬g M (S) R S, (S) 'N S (M) R M P, (P) n P N S', S' N R' S', (N) S'↘n d n P, (P) M P, (S') N S' (M') ↬g' M' R' S' N R' S', R' (S') N S' R', (N) S', n d N S', (N) S'↘d n P, (P) n M P, (M) P↘(M ↬g) M, (M) P↘(↬g M) R S, R, S, S S' S S', (P) M P S', S'

5. S 'N S R M P d↗(N) S', S'↘d, M P (M) ↬g, M, (S) R, S, 'N S, S↗S', S' N S' R' N S', (M) ↬g M R S, S↗P, P↗S', S' R' S'

6. 'N S (M) R M P N R' S' N S' (P) n P M P ↬g M R S, M R S, R S

7. 'N S R M P S', 'N S R (M) P (n) d N R' S', R' S', N S', R' N S', (n) d N S', N R' S', (M') ↬g' M' R' S', M P (n) d N S', N S' (n) d N S' N R' S', (P) n P M P, ↬g M, (S) R S

8. P' (M') ↬g' M' R' S' N S' d n P M P (M) ↬g M R S, S R M P, d N S', S', d, N S', d, n P M P, ↬g M R S

9. S'↘D, D↗(N)S', (N) S'↘d n P M, P↘↬g M R S, S↗S', S'

~0~

3. BAAGESHRI

Aaroh S, 'n 'D 'n S, M g, M D n S'
Avroh S', n D, M g, M g R S
Pakad S, 'n 'D, S, M D n D, M, g R, S
Vaadi M (Komal Madhyam)
Samvaadi S (Shadaj)
Vikrut g (Komal Gaandhaar)
n (Komal Nishaad)
Varjit R (Rishabh) in Aaroh

[Some use Rishabh in Aaroh. Pancham(P) is surrounded by different usages. Some do not use P at all. Some use P only in Avroh. Some use P both in Aaroh and Avroh.]

Jaati Auduv—Shaadav; or
Shaadav—Shaadav; or
Shaadav—Sampoorna; or
Sampoorna—Sampoorna

[Jaati is dependent on how R and/or P are used.]

Thaat Kaafi
Samay Madhya Ratri

1. S, 'n 'D 'n S, M g, M D n S', S', n D, M g, M g R S, S, R S, 'n 'D, S, M g, M D, M g, M g R S, 'n 'D 'n S
2. S R S 'n 'D, 'n S M g M D n D, M g D M D M g, M g R S, S R S 'n 'D, 'M 'D 'n S, 'D 'n S, S, M g, M D n D M g R S
3. S 'n 'D 'n S, 'n 'D, 'M 'D 'n S, 'M 'g 'M 'D 'n S, 'D 'n S R S, 'M 'g 'M 'D 'n 'D, 'D 'n S, M M g D M g, n n D M g S', S', n D M D n D M g, D M g, M, g R S
4. 'n S g M g D M g n n D M g M D n S', S' n D M g M D n D M D n S', R' S', M' g' R' S', S' R' S' n D M D n D M g D M g M g R S

5. ‘n S M, M, g M, D, M, n D, M, S’, n D, M, R’ S’, n D, M, M’ g’ R’ S’, R’ S’, n D, M, M D n S’ n D, M, M g R S

6. ‘n S M g R S, ‘n S M g M D M g R S, ‘n S M g M D n D M g R S, ‘n S M g M D n S’ n D M g M g R S, ‘n S M g M D n S’ R’ S’ n D M g R S, ‘n S M g M D n S’ R’ g’ R’ S’ n D M g R S, ‘n S M g M D n S’ R’ g’ M’ g R’ S’ n D M g R S

7. S g M D M D D n D S’, S’ n D R’ S’ n D, M’ g’ R’ S’, M’ g’ S’ R’ S’, n D M D n S’, n D S’ n D M D n D M D n S’, S’ n D M g, M, S

8. S g M D n S’ n S’ R’ S’ M’ g’ R’ S’, n S’ M’ g’ R’ S’ n S’ R’ S’, M’, G’, R’, S’, S’ R’ S’ M’ g’ R’ S’, R’ S’, n D, P g, M g, P M g R S

9. ‘n S R M P g M P n D g M S’, S’ n D P M P g M P D M D n S’, S’ R’ S’ M’ g’ R’ S’, n D g M D g M, P g M g R S

10. S M g M n D n S’, S’, S’ R’ S’ n S’ n S’ M’ g’ R’ S’, M’, g’, R’ S’, n S’ R’ R’ S’, S’ n D, n D M g M D n S’, S’ n D, M g, M g R S

11. S, S ‘n ‘D ‘n S, ‘M ‘g, ‘M ‘D ‘n S, ‘M ‘g ‘R ‘S, ‘S, ‘S ‘R ‘S, ‘S ‘g ‘M ‘D, ‘M, ‘M ‘g, ‘M ‘D, ‘M ‘D ‘n S, ‘n ‘D ‘n S, S, S R S, S g M D, M, M g, M D, M D n S’, n D n S’, S’, S’ R’ S’, S’ g’ M’ D’, M’, M’ g’, M’ g’ R’ S’, S’ n D, n D M D, M D n D, M, M g, g R, S

12. S ‘n ‘D ‘n S M g M D n S’ n D M g M g R S, S, ‘n ‘D, S, M D n D, M, g R, S

~0~

4. BAHAAR

Aaroh 'n S, g M, P g M, D, n S'
Avroh S', n P M P, g M, R S
Pakad M P g M, D, n S'
Vaadi M (Madhyam)
Samvaadi S (Shadaj)
Vikrut g (Komal Gaandhaar)
n (Komal Nishaad)

[Some use both types of Gaandhaar and Nishaad.]

Varjit R (Rishabh) in Aaroh
D (Dhaivat) in Avroh

[Some consider G (Gaandhaar) as a Varjit Swar in Avroh.]

Jaati Shaadav—Shaadav
Thaat Kaafi
Samay Raatri Ka Madhya Prahar

[Some sing it at anytime during monsoon season. This raag mixes with other raags to form Mishra raags like Maalkaunsbahaar, Bhairavbahaar, Hindolbahaar, Adaanaabahaar, Basantbahaar, etc.]

1. 'n S, g M, P g M, D, n S', S', n P M P, g M, R S, M P g M, D, n S'
2. (n) D N S', N S' R' S', (M') g' M' R' S', R' N S', N S', n D, N S' R' N D N S', n D n P, M P (M) g M, (n) D N S' R' N S', n P, (P) M P (M) g M, R 'N S, R S, S
3. D, n D, D n D, n S' R' n S' n D, n P g M D n S', n S' R' S' R' n S', g' M' D' n' S'', S'' n' P', P' M' g' M', P' M' P' g' M', g' M', R' S', n S', R' n S', n P, (P) M P (M) g, M, R S, R 'n S
4. 'N S, G M, P n S', S' n D P, M, P g, M g, R S 'N S, G M, P G M, n D P, M g, M g, 'N S

5. ‘n, ‘P ‘n, ‘M ‘P ‘n, ‘g ‘M ‘P ‘n, ‘S ‘g ‘M ‘P ‘n, ‘n S, M, g, M, P G M, M P G M, M P M P g M, M g M, P g, R, S, ‘n R S

6. ‘n S G M P G M S, P G M R’ S’, n D P S’, D P G M P M n S’, n D P, D P, M G M P g R S, ‘n R, S

7. M, M P g M Pn P n S’, P n S’, n S’, g’ R’ S’, M’ g’ R’ S’, P’ M’ g’ R’ S’, S’, M’, M’ G’, M’ P’, M’ g’ R’ S’, S’, n D P, D P M P G, M, P g R S ‘n R S, R S, ‘n R, S

8. M, P g M, P, n, M P n, P n S’, n S’, R’ S’, G’ R’ S’, M’ g’ R’ S’, S’ n D P, M, P g, G M, P n S’, M’, M’ g’, G’ M’, M’ P’, P’ M’ P’, P’ G’ M’, P’ M’ g’, M’, M’ g’ R’ S’, S’, n D, n D P, D P, P g, M g, M P G, M, P g R, R S ‘N S, G M, P G M, n D P, M g, M↘(g R) S, ‘n, S, ‘n ‘D ‘P, ‘D ‘P, ‘n S, S, R S ‘N S, (S) ‘N S, S, ‘n R S

9. (R) ‘n S↘(M g) R S, (‘P) ‘n, (‘n) ‘M ‘P, ‘P, (‘P) ‘n ‘M, ‘P, (‘M) ‘P, (S) ‘n S, (R) ‘n S, (R) g, (M) g, (g) M↘g M P, (M) P↘(M) g, M↘(g R S) ‘n S, (S) M g R S

10. (S) ‘n S (M) g M, (P) M P, (P) n↘(P M) g M, (M) P↘(M g, Mg, R S) S, (S) ‘n (S) ‘n, (‘n) ‘M ‘P, (‘M) ‘P ‘n S, (R) ‘n S (S) g (g) S (M) g, M g, (g) M P, (M) P, M g, M g, R S, R S ‘N S, (S) ‘N S, S, ‘n R S, (S) ‘n S, (R) ‘n S, R S ‘n S, G M, P G M, n D P, M g, M g, ‘n S

11. ‘n S, ‘n S G M P n S’ n D P M g R S ‘n S, ‘n S

~0~

5. BASANT / VASANT

Aaroh S G, Ḿ d, r', S'
Avroh r' N d, P, Ḿ G, Ḿ G, Ḿ d Ḿ G, r S
Pakad Ḿ d, r', S', r' N d P, Ḿ G, Ḿ G
Vaadi S' (Taar Shadaj)
Samvaadi P (Pancham)
Vikrut r (Komal Rishabh), d (Komal Dhaivat), Ḿ (Teevra Madhyam)

Types:

1) Komal Rishabh (r), Pancham (P), Nishaad (N) are omitted in Aaroh.

[In this type, Aaroh is S G, Ḿ d, r', S']

2) Komal Rishabh (r) and Pancham (P) are omitted in Aaroh. Both Madhyam (Ḿ, M) are used.

[In this type, the Aaroh is S G Ḿ (or occasionally M) d N S'. The Avroh is S N d P Ḿ, G r S. The Samvaadi is Teevra Madhyam (Ḿ).]

3) Both Madhyam (Ḿ, M) are used. Shuddh Dhaivat (D) is used. Pancham (P) is omitted in Aaroh.

[In this type, Shuddh/Komal Madhyam (M) is considered as the Samvaadi.]

[There are several other types. In one type, all 7 Shuddha swars are used. In another type, Komal Gaandhaar is used and Pancham is omitted. In yet another type, both Shuddha and Komal Nishaad (N, n) are used.]

Jaati Undefined, or defined on type.
Thaat Poorvi

[Some favor Raag Vasant/Basant of the Bilaawal Thaat variety.]

Samay Raatri Ka Antim Prahar/ Anytime in monsoon.

1. 'N S, 'N r S, 'N r G r S, 'N r G Ḿ G r S, 'N r G Ḿ P Ḿ G r S, S S', N r' G' Ḿ' P' Ḿ' G' r' S', S' S S'

2. d Ḿ d S' d N P Ḿ G Ḿ d N S' r' S', (S') d S' N d P Ḿ G Ḿ N Ḿ G Ḿ G r S, S G Ḿ d S', S', S' N d N, d P Ḿ, Ḿ d Ḿ G, r S

3. N↘(d)P, (Ḿ) P, P (G) Ḿ G, (d) Ḿ d N S' r' S' N↘(d)P, P Ḿ G r S, (N) S r S G Ḿ G, Ḿ d N d S', S' N d P Ḿ G, Ḿ G d S' N S' r' S', N S' r' N d Ḿ d, N d N d P, Ḿ G Ḿ G r S

4. N S G M n d r' N d P Ḿ G Ḿ G Ḿ d r' N d P Ḿ G r S, Ḿ d S' r' S' N r' G' Ḿ' G' r' S', S' r' N d P Ḿ G Ḿ G r S

5. D M D S' r' N D S', S' N D P Ḿ, D P Ḿ D M G, G r S

6. S' N d P Ḿ G Ḿ d S', S' r' S' d N S' G Ḿ G r' S', N d r' N d P Ḿ G Ḿ d Ḿ S', S' N r' S' Ḿ' G' r' S' r' N d P Ḿ G Ḿ G r S

7. S' S" S', r' S', G' r' S', Ḿ' G' r' S', d' Ḿ' G' r' S', N' d' Ḿ' G' r' S', S" N' d' Ḿ' G' r' S', S' S" S', S' G' Ḿ' d' S" N' d' P' Ḿ', G' Ḿ' G', G' M' d' N' d', Ḿ' d' Ḿ' G', Ḿ' G' r' S', S' S" S'

8. r'↘(S' N d)P, (Ḿ) G Ḿ d G Ḿ G, Ḿ G Ḿ↘G, G Ḿ d S', (S') N↘(d)P, Ḿ d N d P, Ḿ d, r', S', r' N d P, Ḿ G, Ḿ G, Ḿ d Ḿ G, r S

9. S' G Ḿ G d Ḿ d r' S', d S' r' S', r' S', S' N d N r' S', S', S' G' Ḿ' G' r' S', S' N d P Ḿ G Ḿ d S', S' N r' G' Ḿ' G' r' S' N d S'

10. 'N r G Ḿ d r' S' N r' G' Ḿ' P' Ḿ' G' r' S' N d P Ḿ G r S, S S', S', (S') N r' G' Ḿ' d' S", S", S" N' d' P' Ḿ' G' r' S', S' S" S'

11. S G, Ḿ d, r', S', r' N d, P, Ḿ G, Ḿ G, Ḿ d Ḿ G, r S

~0~

6. BHAIRAV

Aaroh	S r~ G M, P d~, N S'
Avroh	S' N d~, P M G, r~, S
Pakad	S, G, M P, d, P
Vaadi	d (Komal Dhaivat)
Samvaadi	r (Komal Rishabh)
Vikrut	d (Komal Dhaivat)
	r (Komal Rishabh)
Aandolit	d~ (Komal Dhaivat)
	r~ (Komal Rishabh)
Meend	M↘r (Madhyam to Komal Rishabh)
Jaati	Sampoorna—Sampoorna
Thaat	Bhairav
Samay	Praatah Ka Pratham Prahar

1. S, r~, S, 'N S, 'd~, 'N 'd~, 'P, 'P 'd~, S, r~, G r~, M G r, P M (G) r, M↘r~, r~, S
2. 'N S, r~, S, 'N S 'd~, S 'd~, 'N 'd~, 'P, 'M 'P 'd~, 'N, S, r, G r~, M↘r, G M P M↘r~, G r r~, S
3. S G, M P, d~, P, M P, M↘r, G M P M G r, r~, S, G, M P, d~, P, M↘r~, S
4. 'N S M G r~ S, 'N S G M P G, M↘r r~ S, 'N S G M P G, M, d~, N d~, P, M P, M G, r~ S, 'N S G M P d~ N S' N d~ P M G r~ S
5. ('N) S G M P G, M, d~, N S', S' r'~ S' N d, S' N d~, N d~, P, G M N d~, P, M P, M G, M r~, G M P, M G, M r~, S, G, M P, d~, P, M↘r~, S
6. 'N S M G r~ S, 'N S G M P G, M↘r r~ S, 'N S G M P G, M d~ N d~, P, M P M G r~ S, 'N S G M P d~ N S' N d~ P M G r~ S

7. S, S 'N 'd~, 'd~, 'P, 'M↘'r~ 'S, 'S, 'S 'r~ 'G 'M 'P 'd~ 'N S r~, r~ S, S r~ G M P d~ N S' r'~, r'~ S', S', G' M' P', M' P', d'~, P' d' P' M' G', G' M'↘r'~, S', S' N d~ P, M P, G M, G M↘r~, S, 'N 'd~, 'd~ ('N) S, S r~ S, S

8. 'N S G M P, G M P, M P, d~, P, N d~, P, S', N d~, P, r'~ S', N d~, N d~, P, M P, M↘r~, G M P M↘r~, r~, S, G M P, d~, N d~ r'~ S', d P M↘r, G M P M↘r~, r~, S

9. (S) 'N S (P) G M, P (M) P M G, (M) G M, (M) G P M G M↘r, r~, S, S 'N 'd~, 'P 'M 'G, 'r~, 'S, 'S 'r~, ('G 'M) 'P 'd~, 'N 'd~, 'd~ S, 'N S, r~ S

10. S d~ P d~ M P M↘r G M P M↘r~ S, S r~ S 'N 'd~, 'N S, G r~ G P M↘r~ S, G, M P, d~, P d~ N S' N d~ P M G r~, S, (G) M P, d~, N S', S' d~, N S', r'~, S', N, S', d~, P, M G, M P, d~, r'~, S', N d~, d~ P, M G, M r~, G M P, M G, M↘r, r~, S, G, M P, d, P, d, r'~ S', N S' r'~ S', N d, P, M↘r~, S

11. P, P, d~, N S', S', N S', d~, N S', r'~, S', N S' d~, P, M', G', M' r'~, S', r'~, S', N S', G' M' P' M' G', r'~, r'~, S', S' d~, d~ P, d~, M G, M P, d~, P, M G, G M P M↘r~, S

12. S 'N 'd~, 'N 'd~ 'P, 'P 'M, 'M↘('G) 'r~, 'S, 'S 'r~, 'r~ 'G 'M, 'P 'd~, 'd~, 'N S, S', S' N d~, d~, N d~, P M G, M↘(G) r~, S

~0~

7. BHAIRAVI

Aaroh S, r g M, P d, n, S'
Avroh S', n d P, M g, r S
Pakad M, g, S r S, 'd 'n S
Vaadi M (Madhyam)
Samvaadi S (Shadaj)
[Some sing with Vaadi as Komal Dhaivat and Samvaadi as Komal Gaandhaar. Some use Shuddh Rishabh in Aaroh.]
Vikrut r (Komal Rishabh)
g (Komal Gaandhaar)
d (Komal Dhaivat)
n (Komal Nishaad)
Jaati Sampoorna—Sampoorna
Thaat Bhairavi
Samay Praatah Kaal.
[Some believe this Raag can be sung at any time of day or night.]

1. 'n S g, M g, P M g, d P d M P g, n n d d P d M P g, P g, M g, S, r g, M g r S, r g, S r S, 'd, 'n, S, g, M g r S, S, 'n S, 'd, 'n S, g, M g, P M g, r S, M g r, S
2. 'S, 'r 'g 'M, 'P 'd, 'n S, r g, M, g, S r S, 'd 'n S, M g r, S, 'n S g, r g, M g, P M g, P d M P g, n n d d P d M P g, S', n, d, P, d M P g, r S, r g, M g r S
3. 'n S g g r S, 'n S g M P g, M g r S, 'n S g M P d M P g, M g r S, 'n S g M P d n d P d M P g, M g r S, 'n S g M P d n S' n d P d M P g, M g r S, S r S
4. S 'd 'P 'd 'M 'P 'g 'M 'n 'd S, r g M g r S, 'd 'n S r 'n S, P M g r S

5. S, ‘n, ‘d, ‘P, ‘g, ‘M, ‘d, ‘n, S, ‘d ‘n S, r S, M g r S, ‘n S g M P, g, M g r S, ‘n S g M p d n S’ n d P M g r S, ‘n S g M P, g M P, d P, n d P, S’, n, d, P, g’, r’, S’, n, d, P, S’, n, d, P, n, d, M P g, S, r g, M g r S

6. S r g, r g M, g M P, M P d, P d n, d n S’, S’ n d, n d P, d P M, P M g, M g r, g r S, ‘n S g M P d n S’ n d P M g r S

7. S r S, S r g r S, S r g M g r S, S r g M P M g r S, S r g M P d P M g r S, S r g M P d n d P m g r S, S r g M P d n S’ n d P M g r S

8. S, ‘d, ‘n ‘d, ‘g ‘M ‘d, ‘d, ‘n, S, g, P g, d P g, d d M P g, r, M g r S, ‘d ‘n S, S r S

9. d, M d, n S’, S’, r’ S’, n, n, S’, g’ r’ S’, n, d, P, S d, P, d M P, g, M, n, d, P, g, M, g, r, S

10. S, d, P, d, M P M, S, r g, M, g, r S, r S, r S, ‘d, ‘n S, S r S, S, r g, M, g, r S

11. d, M d, n S’, r’ S’, g’, r’ g’, M’ g’, r’ S’, g’, r’ S’, r’, n S’, S’ d, P, S, d, P d M P, g, P g, S, r g, M, g, r S

12. S, r g M, P d, n, S’, S’, n d P, M g, r S, ‘d, ‘n, S, g, M g r S, M, g, S r S, ‘d ‘n S, M g, r S, M g r, S

13. S, ‘n S g, ‘n S g M P, M g P M g, M P M, M P d M P g, d P d M P g, r g M P d n S’, S’, S’, n d P, M g, r S, S

14. r (M) g r, S (‘n) ‘d ‘n, S r S, (r g) M (P) d n S’, d n S’ r’ n S’, r’ g’ M’, M’, (M’) g’ M’, P’ d’, n’, S”, n’ d’ P’ n’ S”, S” S’, S’, n d P, M g, M, g, S r S, ‘d ‘n S, r g, M g, r S

~0~

8. BHIMPALAASI

Aaroh 'n S g M, P, n S'
Avroh S' n D P M, g R S
Pakad 'n S M, M g, P M, g, M g R S
Vaadi M (Komal Madhyam)
Samvaadi S (Shadaj)
Vikrut g (Komal Gaandhaar)
n (Komal Nishaad)

[Some use both Komal and Shuddh Nishaad, where Komal Nishaad is used more and Shuddh Nishaad is used sparingly.]

Varjit R (Rishabh) and D (Dhaivat) in Aaroh
Jaati Auduv—Sampoorna
Thaat Kaafi
Samay Din Ka Teesra Prahar

1. S 'n S, M, M, P g, M, P, n D P, M P, g, M, P g, M g R S, 'n S, g R S, 'n S, M, M P g, g M P g, g M P n D P, M P, g M, P g, M g R S
2. S, 'n S, 'n 'n S, 'P 'n S, 'M 'P 'n S, 'n 'P, 'g 'M, 'P 'g, 'M 'g 'R 'S, 'S, 'S 'g 'M, 'P, 'n S, S
3. S, S 'n 'D 'P, 'n 'D 'P, 'M, 'n 'D 'P 'M, 'M 'g, 'P 'M, 'M, 'g, 'R, 'S, 'M 'g 'R 'S, 'S, 'S 'M, 'S 'g 'M, 'S 'M 'g 'R 'S, 'S, 'S 'g 'M, 'P, 'n S, S, 'n S, 'n S g M P n S', 'n S g M, P, n S', S', S' g', S' M', S' P', P', P' M', P' g', M', M' g', M' g', R', S', M' g' R' S', S' n D P M, n S' M, M g, P M, g, M g R S, S
4. S, g, M, P, n, S', n n S', n S', n n S', n S' g', g' M', M', P', M' P', P' g', M' g', R', S', n, n D, P, M, P g, M g, g R S, M g R S, M, g, R, S

5. S, ‘n, ‘D, ‘P, ‘n, ‘D, ‘P, ‘M ‘P, ‘g ‘M, ‘P, ‘n S, S, ‘n S, ‘n S M, ‘n S M g, ‘n S M g R, ‘n S M g R S, M g R S, S
6. S, ‘n S, ‘n S M g R S, n n D P, M P g M P g M g R S, S’ n D P, M P, n D P, M P, g, M, P g, n D P M, g R S, M g R S, S
7. S ‘n ‘D ‘P ‘M ‘P ‘g ‘M ‘P ‘g ‘M ‘g ‘R ‘S, ‘S ‘g ‘M ‘P ‘n S, ‘n S g M P n S’, S’ g’ r’ S’ n S’, S’ n D P M P g M P g M g R S
8. ‘n S M g R S, ‘n S g M P g M g R S, ‘n S g M P n D P M P g M g R S, ‘n S g M P n S’ n D P M g M g R S, ‘n S M g R S
9. S ‘n, ‘P ‘n, ‘M ‘P, ‘M ‘P ‘n, ‘P ‘n, S, S M, S M g R S, ‘n S M, P g M P g, n, n P M G, S’, S’ n P M P g, g M P n S’, R’ S’, R’ R’ S’, n S’ n P M P g, ‘n S g M P g, M, g, R, S
10. S’, n S’, P n S’, M P n S’, g M P n S’, M M P n S’, g g M P n S’, g g M P n n S’, g’ R’ S’, M’ g’ R’ S’, g’, M’, P’, M’ g’, P’ M’, g’, M’ g’ R’ S’, g’ R’ S’, n S’ R’ S’, n D P, n D, M P, M P n S’, n S’, n S’ R’ S’, n S’ g’ M’ P’, g’ g’ M’ P’, M’ M’ P’ g’, M’ g’, P’ M’, g’, M’ g’ R’ S’, n, D, P, M P, P n S’, S’ n D P M, M P g, P g, M g, M g R S, M g, R, S
11. S, S’, S’ n S’, S’ n S’ g’ S’, S’ n S’ g’ M’, S’ n S’ g’ M’ P’, P’ M’, P’ g’, M’ g’, g’ R’ S’, M’ g’ R’ S’, S’, S, ‘n S g M P n S’, S
12. ‘n S g M P, g M P, M M P, P n n S’, S’ n D P, n D P M, S’ n D P M, M g, P g, S’ n D P M P g, n D P M P g, M g, R, S

~0~

9. BHUPAALI

Aaroh S R G P, D, S'
Avroh S', D P, G, R, S
Pakad G, R, S 'D, S R G, P G, D P G, R, S
Vaadi G (Gaandhaar)
Samvaadi D (Dhaivat)
Varjit M (Madhyam) and N (Nishaad) in both Aaroh and Avroh
Jaati Auduv—Auduv
Thaat Kalyaan
Samay Raatri Ka Pratham Prahar

1. G, R, S, S D, S R G, R G, P G, D P G, R G, G, R, S, S 'D, S R G, P G, D P G, R, S, G, R, S, S R G R S, P G, D P G, S R G, P G, G, R, S, 'D R, S, S 'D, S R G, R, S

2. S, R S, G, R G, 'D, S R G, D P G, P G, R G, R, S, 'D R, S, G, R G, S R G, 'P 'D S R G, G P G, G P D P G, P G, R G, R, S, 'D, S R G, D P G, R, S

3. S', D S', P D S', G G P D S', S R G P D S', R' R' S', G' R' S', S' R' G' P' G' R' S', G' R' S', R' S', S', D, P, G, S R G P D S' R' G' P' D' P' G' R' S', D, P, D R' S', D, P, S', D, P, G, D P G, R G, P R, S, 'D R, S

4. S R S, S R G R S, S R G P G R S, S R G P D P G R S, S R G P D S' D P G R S, S R G P D S' R' S' D P G R S, S R G P D S' R' G' R' S' D P G R S, S R G P D S' R' G' P' P' R' S' S' D P G R S

5. S R G, R G, P G D P G, S', D P G, R' R' S', D P G, G' G' R' R' S', D P G, G P D S' R' G' R' S', D P G, P G, G, R, S

6. S, ‘D, ‘P, ‘D, ‘P, ‘D S, R S, G R S, S R G P G R S, P G, D P G, S’, D P G, P G, R G, G, R, S, ‘D, R, S, ‘P ‘P ‘D S, ‘D S, ‘P ‘D S, ‘G ‘G ‘P ‘D S, G, R G, P G D P G, G P D S’, D P G, D P G, P G, R G, R, S, S R, S, R S, G R S, S R G P G R S, P G, D P G, G P D S’ D P G, S’, D P G, P G, D P G, G, R, S, ‘D, R, S

7. S R G, R G, ‘D ‘D S R G, P G, D P G, G P D S’ D P G, G P D S’, R’ S’ D P G, S’, D P G, R G, P, R, S, ‘D, S, ‘D R, S

8. S R G R G P G R, G P D S’ D P G R, G P D S’ R’ S’ D D P G R, G P D S’ R’ G’ R’ S’ D P G R, G P D S’ R’ G’ P’ G’ R’ S’ S’, D P G R, S’, D P G R, D P G R, P G R, G R, G, R, S, ‘D R, S

9. G R S, P P G R S, S’ S’ D P G R S, G’ G’ R’ R’ S’ S’ D P G R S, S R G P D S’ R’ G’ P’ P’ G’ R’ S’ S’ D P G R S, S, ‘D, R, S

10. G G, P D S’, D S’, R’ S’, S’ R’ G’ R’ S’, P’ P’ G’ R’ S’, R’ S’, D, G’ R’ S’, D, P, G, G P D S’ R’ G’ R’ S’, D, P, G, D P G, R G, P, R, S, ‘D R, S

11. S S R R S S, G G R R S S, P P G G R R S S, S’ S’ D P P G R S, G’ G’ R’ S’ S’ D P P G R S S, S R G P D S’ R’ G’ P’ P’ G’ R’ S’ S’ D P P G R S

12. S’, D S’, P D S’, G P D S’, R G P D S’, S R G P D S’, S’ R’ G’ R’ S’, S’ R’ G’ P’ G’ R’ S’, G’ R’ S’, D S’, R’ D, S’, P D S’ S’ D P G R S, D P G, R, S, S ‘D, S R G, P G, D P G, R, S

~0~

10. BIHAAG

Aaroh	S G, M P, N S'
Avroh	S', N D P, M G, R S
Pakad	'N S, G M P, G M G, R S
Vaadi	G (Gaandhaar)
Samvaadi	N (Nishaad)
Varjit	R (Rishabh) and D (Dhaivat) in Aaroh
Jaati	Auduv—Sampoorna
Thaat	Bilaawal
Samay	Raatri Ka Doosra Prahar

1. S, 'N S, R S, G M P, G M G, G M P G M G, R S, 'N S, G M P, G M G, R S
2. 'N 'P, 'N S, ('N 'D 'P 'M) 'G 'M 'P, 'N, S, G M G, S, G, P, G M G, S, S', N P, G M P G M G, S, 'N S G M P N S' R' S', N P, G M P G M G, S
3. S, 'N S, R S, G M G, S, G M P G M G, S, G M P N, P, G M P G M G, S, G M P N S', G' R' S', N P, G M P G M G, R S
4. S S G, M G, P, G M G, S G M P N P, G M G, S G M, P N S', N P, G M G, S G M P N S' R' S' N D P, Ḿ P D Ḿ P, G M G, P, G M G, R S, S, R S
5. 'N S G R S S, 'N S G M G R S S, 'N S G M P G M G R S S, 'N S G M P N N P P, G M P G M G R S S, 'N S G M P N N S' R' S', N D P G M P G M G R S S, 'N S G M P N S' G' G' R' S' N D P G M P G M G R S S
6. S M G P, N P, S', N, P, R' S', N P, G' M' G', S', N P, S', N P, G M G, S G M P N S', G' M' P' G' M' G', S', N P, G M G, R S, S, R S

7. (S) G M G, P Ḿ G M G, G M P N D P Ḿ P G M G, G M P N S' R' S' N D P Ḿ P G M G, G M P N S' G' G' R' S' N D P Ḿ P G M G, G M P N S' G' M' P' Ḿ' G' M' G' R' S' N D P Ḿ P G M G, M G R S

8. S', N S', P N S', S' N D P Ḿ G M P N, S', S' N D P M G R S 'N S G M P N S', R' S', G' R' S', M' G' R' S', P' Ḿ' G' M' G' R' S', G' G' R' S' N D P P, G M P M G R S

9. P, S', S', G', S', G' M' P' G' M' G', S', S', R' S', N P, S', N P, G M P N S' G', M' P', G' M' G', S', N P, G, M P, G M G, R S, S R S

10. S, P, Ḿ P, D P, S', N P, R' S', N P, P, G M G, N, P, G M P, G M G, S, G M P, N, N, S', S', S' R' S', G', N S', P', G' M' G', N S', S', G' S', N P, S', N, P, G, M P, P', G', M' G', S', N P, G, M P, G, M G, S

11. 'N 'P, 'N, S, G S, G M G S, 'N S G M P G M G, S, 'N S G M P, N P, Ḿ P, G M G, S G, M P G M G, R S, 'N R S

12. G, R S, 'N, S, G, M G, P, G M G, G M P G M G, R S

13. 'N S G, M G, P, G M G, N P, G M G, 'N S G M, D P, G M G, P, G M G, R S, S R S

14. 'N S, G, M G, P, G M G, 'N S, G M P, G, M G, P G, M G, R S, 'N R S, S, S, G M P N S' G' M' P' M' G' M' G' R' S' N D P M P G M G, G M D P M G R S, 'N R S, S R S, 'N R S, S

~0~

11. BILAAWAL / ALHAIYA BILAAWAL

Bilaawal:

Aaroh	S, R, G, M, P, D, N, S'
Avroh	S' N D, P M G, R S
Jaati	Sampoorna—Sampoorna

Alhaiya Bilaawal:

Aaroh	S, R, G R, G P, D, N D, N S'
Avroh	S' N D, P, D n D P, M G, M R, S
Pakad	G R, G M P, P D, P D N S'
Vikrut	n (Komal Nishaad) in Avroh. Both types of Nishaad (n and N) are used in Avroh.
Varjit	M (Madhyam) in Aaroh
Jaati	Shadav—Sampoorna

[When in its Aaroh, Madhyam is omitted, and in its Avroh, both Shuddh and Komal Nishaad are used, then Bilaawal becomes Alhaiya Bilaawal.]

Vaadi	D (Dhaivat)
Samvaadi	G (Gaandhaar)
Thaat	Bilaawal
Samay	Praatah Ka Pratham Prahar

1. G, R, S, S R, S, G, M G, P, M G, M R, S, G, R, S, 'N 'D, 'N 'D, 'P, 'D S, R S, G, M P M G, M R, S
2. S R G, M G, P, M G, M R, G P, D, P, M G, M R, G M P, M G, M R, S
3. S S G M R, G P, D, N S', S' R' G' M' R' R', S', S', R' S', N D, P, D, M G, M R, G P D N S', N D, P, D, M G, M R, G M P, M G, M R, S
4. G, G, M G, M R, G P, D n D P, D, S', N D, P, D, M G, M R, G M P, M G, M R, S

5. S R G M, R G M P, G M D, P, N D, N S', G' R' S', R' S', N D, P, D n D P, M G, M R, G M D, P, M G, M R, S

6. S R G M P, G M P, D, P, N D, N S', S' R' S', G' M' R', S', R' S', N D, P, D N S', D, P, D, M G, M R, G M D, P, M G, M R, S

7. S R S, S R G M R R S, S R G M P G, M R R S, S R G M D D P D, M G, M R R S, S R G M P D N S', S' N D P M G R, S

8. S, G, M R, S, R, S, 'D, 'P, 'D, S, G, G M G, G M D, P, M G, S', N D, P, M G, M R, G M D, P, M G M R, S

9. S, R, G R, G P, D, N D, N S', S', S' N D, P, D n D P, M G, M R, S, S, S 'N 'D, 'P, 'D 'n 'D 'P, 'M 'G, 'M 'R, 'S, 'S, 'G 'R, 'G 'P, 'D 'n 'D 'P, 'G 'P 'D 'N S, S, G R, G P, D n D P, G P D N S', S', S' N D, P, D n D P, M G, M R, S, S 'N 'D, 'P, 'D 'n 'D 'P, 'M 'G, 'M 'R, 'S, S, S', S

10. P P, D, N S', S' R' S', S' R' G' M' R' S', G' M' R' R' S', R' S', S', N D, P, D N S', N D, P, D, M G, P, G, M R, S S', R' S', N D, N D, P, D, M G, M R, G M P, M G, M R, S

11. S D, D, N D, P, D N S', N D, P, D, M G, M R, G P, D, N S', N D, P, D, M G, M R, G M P, M G, M R, S

12. P P, D, N S', S', R', S', S' R' G' M' R' S', S' R' G' M' P' G', M' R' R' S', G' G' M' R' S', R' S', N D, P, S', D, P, D, M G, M R, G M D, P, M G, M R, S

~0~

12. BRINDAABANI SAARANG

Aaroh 'N S, R, M P, N S'
Avroh S', n P, M R, S
Pakad n S R, M R, P M R, S
Vaadi R (Rishabh)
Samvaadi P (Pancham)
Vikrut n (Komal Nishaad). Both types of Nishaad (n and N) are used.

[By using both types of Nishaad, this Raag can be differentiated from Madhyamaadi or Madhmaad Saarang, which uses only Komal Nishaad.]

Varjit G (Gaandhaar) and D (Dhaivat) in both Aaroh and Avroh
Jaati Auduv—Auduv
Thaat Kaafi
Samay Madhyaanh

1. S, 'N S, R, M R, P R, M P, n P M R, R M P M R, R, n P M R R M P M R, P M R S, R M P M R S, S
2. S 'N S R M R S, P M R S, R M P M R S, n n P, M P n P M R, P R R S, P R, R, S
3. S 'N S, 'N 'P 'M 'R, 'M 'R, 'P 'R, 'R, 'S, 'S 'R 'S, 'P 'M 'R 'S, 'n 'P 'M 'R 'S, 'R 'M 'P 'M 'R, 'P 'M 'R 'S, 'S 'R 'M 'P 'N S, S, S R M P N S', S', S' R' M' P' M' R' S', R' S', S' n P, P M R, R M P M R, P R, M R, R, S
4. S 'N S, 'P 'N S, 'M 'P 'N S, R M R S, R M P M R S, n n P, M P n P M R, M R, S
5. S 'N S 'P 'N S 'M 'P 'N S, R M R P M R S', n P M P n P M R, P M R M R R S, M R, P M R, S

6. ‘n ‘n ‘P ‘M ‘P ‘n ‘P, S, M M R S, P M R S, n n P M R S, S’, S’ n n P M R M P M R S ‘N S R S, M R, R, S
7. S, S R S, S R M R S, S R M P M R S, S R M P n n P M R S, S R M P N S’, n P M R S, S R M P N S’, R’ S’, n P M R, M P N S’, P M R, S
8. ‘M ‘M ‘P ‘P ‘N ‘N S, ‘P ‘P ‘N ‘N S, ‘P ‘N S, R R S, M M R R S, P P M M R S, n n P M R M P M R S, S’ R’ S’ n P M R MP M R S, M’ M’ R’ S’ N S’ R’ R’ S’ n P M R R S, n S R, M R, P M R, S
9. S, ‘N S, P ‘N S, R S, R M R S, R M P M R S, R M P n P M R S, R M P N S’ R’ S’ n P M R S, R M P N S’ R’ M’ M’ R’ S’ R’ R’ S’ n P M R, n P M R S, S
10. M P, N, N, S’, S’, N S’, R’, M’ R’, P’ M’ R’, S’, N S’, R’ M’ R’ S’, N S’, R’, S’, n P, P’ M’ R’, S’, N S’ R’ S’, n n P, R M P N S’ R’ P’ M’ R’, S’, R’ S’, n, P, M R, R M P M R, P M R, M R, P R, R, S, ‘N S R M P N S’, S’ n P, P M R, R S
11. S, D P, M P, D P, M P, M R, P R, P M P D, P M R, R M R, D P M R, D P M P D P M R, R M R P M R, n P M R, R M P M R S, R M P N S’, S’ R’ S’ n D P M R, P M R, R, S
12. M P N S’, S’, S’ R’ S’, S’ R’ M’ R’ S’, P’ M’ R’, S’, R’ S’, n n P, M P, M R, R’ M’ R’ S’, n P, M P n, P M R, P M R S, S R M R P M R n n P M R S’, S’ R’ M’ R’ S’ P’ M’ R’ S’, R’ M’ R’ S, P’ M’ R’ S’, S’ R’ S’, n P M R, R M P M R, P R, M R, R, S

~0~

13. CHAAYAANAT

Aaroh	S, R, ↬G M P, ↬N D, S'
Avroh	S' ↬N D P, Ḿ P D P, ↬G M R S
Pakad	P, R, ↬G M P, M ↬G, M R S
Vaadi	P (Pancham)
Samvaadi	R (Rishabh)
Vikrut	Ḿ (Teevra Madhyam) only in Aaroh.
Madhyam	Ḿ (Teevra Madhyam) only in Aaroh. M (Komal Madhyam) in Aaroh and Avroh
Vakra	↬G (Gaandhaar) and ↬N (Nishaad), in both Aaroh and Avroh
Jaati	Sampoorna—Sampoorna
Thaat	Kalyaan
Samay	Ratri Ka Pratham Prahar

1. (S) '↬N↘'D, 'P, ('P) 'R '↬G, ('R) '↬G 'M, 'P, ('↬G) 'Ḿ, '↬G 'M 'R 'S, 'S, 'R, '↬G 'M 'P, 'P, '↬N 'D, S, ('N) S ↬G M R S, R, ↬G M P, ↬N D, S', ↬N D P, Ḿ P D P, P, R, ↬G M P, M ↬G, M R S
2. P, Ḿ P, (↬G) M P, D P, S' D n P, Ḿ P, P ↬G, M R, S R S
3. D P R ↬G M P, (M) ↬G M R S, ('↬N) S (R) ↬G M P, S R S '↬N 'D 'P, 'P, 'P↘('M '↬G) 'R, '↬G 'M 'R 'S, 'S, 'S 'R 'S, ('R) '↬G 'M 'P, 'Ḿ 'P 'D 'P, '↬G 'M 'R 'S, 'S S S', S' R', S' R' S', S' R' ↬G' M' P', P', P' ↬N' D', ↬N' D' S'', S'', S'' ↬N' D' P' Ḿ' P' D' P', P', P'(↬G' M')R', R', ↬G' M' P', M' G', M' R' S', S' S 'S
4. Ḿ P D P, R S, R' S', R' ↬G' M' R' S', R' ↬G' M' P' R' S', R' ↬G' M' P' M' R' S', R' S', R S, (R) ↬G M P, R, S R S

5. (Ḿ) P S' (↬N) S' R' S', (S') D S' R' S', (S') ↬G' M' P', P', P' P, (P) Ḿ P D P, P 'P, ('P) 'Ḿ 'P 'D 'P, '↬G 'M 'R 'S, 'S 'R 'S '↬G 'M 'P, 'P P P', ↬N' D', S'', S'' S' S 'S, 'S 'R '↬G 'M 'P '↬N 'D S, S R ↬G M P ↬N D S', S' R' ↬G' M' P' ↬N' D' S'', S'' ↬N' D' P' Ḿ' P' D' P' ↬G' M' R' S', S' ↬N D P Ḿ P D P ↬G M R S, S '↬N 'D 'P 'Ḿ 'P 'D 'P '↬G 'M 'R 'S, 'S S S' S'' S' S 'S, ('S) 'P P P' P, P↘R, S
6. S R ↬G R ↬G M R S, S R ↬G R ↬G M ↬G M P R S, S R ↬G R ↬G M P Ḿ P D P R ↬G M P R S, S R ↬G R ↬G M ↬G M P Ḿ P D S', S' R' S' R' ↬G' M' P' ↬N' D' S'' R' ↬G' M' R' S', S' R' R' ↬G' ↬G' M' M' P' P' ↬N' D' S'', S'' S', S' ↬N D P Ḿ P D P ↬G M R S
7. S' D S' (↬N D) P D P S', S' R' ↬G' M' D' P' S'', (S'') P', P' R' S', (S') R' ↬G' M' S' R' S' P' R' S', ↬N D S', D R' S', D n P, P↘R, P, R, ↬G M P, M ↬G, M R S
8. M ↬N D P, P↘R, ↬G M (D) P, P, (P D) ↬N D, (↬N D) S', S' R' S', (S') N D S', ↬G' M' P', P', ↬N' D', S'', S'' ↬N' D' P', Ḿ' P' D' P', ↬G' M' R' S', S' ↬N D P, Ḿ P D P, P, R, ↬G M P, M ↬G, M R S
9. S R ↬G R ↬G M P Ḿ P D P S' R' ↬G' M' R' S' ↬N D P R ↬G M P ↬G M R S
10. (↬G) M R S, P (↬G) M R S, Ḿ P D P (↬G) M R S, ↬N D P (↬G) M R S, S' ↬N D P Ḿ P D P (↬G) M R S
11. S R ↬G M P ↬N D S' ↬N D P Ḿ P D P ↬G M R S

~0~

14. CHANDRAKAANT

Aaroh	S, G, R G, P D N S'
Avroh	S' N D P, Ḿ G, R S
Pakad	'N 'D 'N 'D 'P, 'P 'D 'N R, G R, 'N, R G R S
Vaadi	G (Gaandhaar)
Samvaadi	N (Nishaad)
Vikrut	Ḿ (Teevra Madhyam)
Varjit	Ḿ (Teevra Madhyam) in Aaroh
Jaati	Shaadav—Sampoorna
Thaat	Kalyaan
Samay	Raatri Ka Pratham Prahar

[Raag Chandrakaant is distinct; however, it may be confused with Raag Bhoop, Raag Shuddhkalyaan, and Raag Jaitkalyaan.]

1. G, R, S, 'N 'D, 'N 'D 'P, S, G, R G, D Ḿ G, P, R, S, R S, R 'N R S, R G R S, G, R, S
2. G R S, 'N 'D 'P, 'D 'P, S, S R G R S, R R S, 'N R G, R G, R R, R 'N R S, G R S
3. S, R G R S, 'N 'D 'N 'D 'P, 'P 'D 'N R, G R, D Ḿ G P, R, 'N, R G R S, G↘(P R)G, Ḿ G, P Ḿ G, R G R S, S
4. S R G S, 'N 'D, ('D) 'N 'D, ('Ḿ) 'P 'D 'P, ('Ḿ) 'P, 'N 'D, 'D 'P, 'N R G R S, S, G, (R) G Ḿ G, G↗N, (Ḿ) G P, R 'N R G, G, P D P S', S', N R' G', R' S', N D P, P Ḿ G R, Ḿ, G P, (Ḿ) G R S, 'N 'D, S R G S
5. ('N) S, G, R G, (D) Ḿ G, (D) Ḿ G P, (G) R 'N R S, G, P, S' D S', S', R' N G' R' S', N D, N D P, (P) G P, P D N, (D) P D P, (P) G D P, (P) Ḿ G, R S, (G) R 'N R S, ('N) S

6. S, S 'D 'P, 'D 'P, 'P 'D S, 'N 'D 'P, 'P, 'Ḿ 'G, 'P 'Ḿ 'G, 'G 'P 'R 'G, 'R 'G 'R 'S, 'S, 'R 'R 'S, 'G 'G 'R 'G 'P, 'D 'P, S, R S, R R S, 'N 'D 'P, 'N 'D 'N 'D 'P, 'P 'D 'N R, 'N R, 'N R G, G, G R G, R G, G P, P D N S', N R' G' R' S', N R' G' P' G' R' S', S', S' R' S' N D, N D P, G, R, N R', N D Ḿ G R, G P, G R, D G P R, G P G R, G R S, S 'D 'P, 'D 'P, 'P 'D S, S
7. S, 'N R G R S, S 'N 'D 'N 'D 'P 'N R G R S, S G (R) G Ḿ G N Ḿ G P R 'N R G R S, G P D P S' N R' G' R' S' N D P Ḿ G R G P (G) R 'N R G R S, 'N R G R S, S
8. S R G S 'N 'D 'N 'D ('Ḿ) 'P 'D 'P ('Ḿ) 'P 'N 'D S
9. (S) R G R S 'N S G R G (D) Ḿ G (G) D (D) Ḿ G P (G) R (R) 'N R S
10. (P) G P S' D S' (N) S' R' N G' R' S' N D P (P) G P D N (D) P D P (P) G D P (P) G P (G) R 'N R S
11. S, G R S, R G R S, 'N 'D 'P, 'D 'P, S, S R G R S, R R S, 'N R G, R S, R R S, 'N 'D 'N 'D 'P, 'P 'D 'N R, G R, D G P R, 'N, R G R S, 'N 'D 'P, 'P, 'N R G, 'N Ḿ G, G R G, P Ḿ G, N D P Ḿ G, R G P R S, R G R S, G R S, S
12. S P Ḿ G R, D N D Ḿ G R, D P Ḿ G R, G P G R 'N R G 'N D P Ḿ G R, G P G R S R G P R S P Ḿ G R, G R S
13. S 'D 'P 'D 'P 'D S 'N R G R S G R G N Ḿ G R G P R S

~0~

15. DARBAARI KAANDAA/DARBAARI KAANHADAA

Aaroh 'n S, R g R S, M P, d, n S'

[Gaandhaar is weak in Aaroh.]

Avroh S', d, n, P, M P, g~, M R, S

Pakad g~, R R, S OR 'd, 'n S, R S

Vaadi R (Rishabh)

Samvaadi P (Pancham)

Vikrut g (Komal Gaandhaar)
d (Komal Dhaivat)
n (Komal Nishaad)

Aandolan g~ (Komal Gaandhaar)

[Some consider g as Vakra, making ↬g, M R, S]

Varjit d (Komal Dhaivat) in Avroh

Jaati Sampoorna—Shaadav

Thaat Aasaavari

Samay Madh Ratri

[Some say Miyan Tansen, the court singer of King Akbar, created this Raag.]

1. R S, 'n S R, (S) R (M) g (S) R S, (S) M, (M) P, (P) M, M P, P n (M) g, g~ M, g~, R R, S, R S
2. M P (n) d n S', (S') n S', (S') n S' R' (n) d n P, M P, (P) M P S', (n) d n S', (n) P M P, g~ M R S
3. (S) R R S, (S) 'n S, 'n S R S, ('n) 'd 'n↘'P, 'n S, (S) P, (M) g M, S R, R, S, (S) 'n S R R ('n) 'd 'n P, ↬g M R S
4. (S) R 'n, S, 'n S R R, ('n) 'd 'n 'P, ('P) 'M 'P, ('n) 'd 'n S, (S) R g R S, (M) g, g R g R S, (S) R g↘S

5. (R) M R S, (S) ‘n S R, (R) P (M) P (M) g (R) M R S, (‘n) ‘d ‘n ‘P, (‘P) ‘M ‘P, ‘g~, ‘M ‘R, ‘S, ‘S↗ ‘R, ‘g ‘R ‘S, M P d n S

6. (P) M P (n) d n S’, S’, (S’) n S’, (P) n↘P, (P) M P, (M) g~ R S, ‘d, ‘n↘‘P, (‘P) ‘M ‘P ‘d ‘n S, S↘‘d ‘n ‘P, ‘M ‘P g~, (‘M) ‘R ‘S, ‘S, (‘S) ‘R ‘g ‘R ‘S, ‘S↗ ‘M, ‘P ‘d ‘n S, ‘d, ‘n S, R S

7. M P d n S’, n S’, S’ n R’ R’ S’, (S’) n S’ R’ (n) d n P M P, (P) M P S’, (n) d n P S’, S’↘P, (P) g~, M R S

8. R↗P, d n S’, S’↘P, P↘R, R R, S, R S, (R) M R S, (S) ‘n S R, (S) R, (R) P (M) P (M) g~, R R, S, (S) ‘n S R, (‘n) ‘d ‘n ‘P, ‘P↗P, P M P, g~, M R, S

9. P, (n) d n, S’, n S’, (S’) n S’ R’ S’, R’ (n) d n P M P, (P) M P S’, (n) d n P S’, d n P, M P, ↬g M R S

10. S, ‘n S, ‘n S (M) g (M) g M P (n) d n P M P (M) g~ M R S ‘n S, ‘n S R M P (n) d n S’ n S’ (P) n P M P (M) g~ M R S ‘n S, ‘n S, S

11. ‘n S R S, ‘n S R M R S ‘n S R S, ‘n S R M P n M P (M) g~ M R S ‘n S R S, ‘n S R M P n S’ R’ S’ n P M (M) g~ M R S ‘n S R S, ‘n S R M P n S’ R’ (M’) g’ M’ P’ g’~ M’ R’ S’ n P M P (M) g~ M R S ‘n S R S

12. S, ‘d, ‘n, ‘P, ‘M ‘P, ‘g~, ‘M ‘R, ‘S, (‘S) ‘R ‘g ‘R ‘S, ‘M ‘P, ‘d, ‘n S, M P d n S’, n S’ n R’ R’ S’, (S’) R’↗P’, P’ M’ P’, (P’) g’~, (g’~) M’ R’, R’ R’, S’, (n) d n P S’, (S’) R’↘P, P, M P, g~, M R, S

13. ‘n S, ‘n ‘d ‘n S, R S, M R S, ‘n S R M P n M P (M) g~ M R S, (‘n) ‘d↗ ‘n S, S R g~↘S, S R g~↘(S) ‘n R S, R S, ‘n S

~0~

16. DES

Aaroh S, R, M P, N S'
Avroh S' n D P, M G, ↬R G S
Pakad R, M P, n D P, P D P M, G ↬R G S
Vaadi R (Rishabh)
Samvaadi P (Pancham)
[Some use Vaadi as Pancham and the Samvaadi as Rishabh.]
Vikrut n (Komal Nishaad) in Avroh
Vakra ↬R (Rishabh) in Avroh
Varjit G (Gaandhaar) and D (Dhaivat) in Aaroh
Jaati Auduv—Sampoorna
[Some use Gaandhaar and Dhaivat in Aaroh; thereby, making the Jati as Sampoorna—Sampoorna.]
Thaat Khamaaj
Samay Raatri Ka Doosra Prahar

1. S, 'N S, 'n, 'D 'P, 'n 'n 'D 'P, 'M 'P S, R, R G R, R G M P D M G ↬R, N N S', n D P, R G M P D M G ↬R, P M G ↬R, D M G ↬R, n n D P D M G ↬R, S' n D P D M G ↬R, R' S', n D P, N N S', R' S', n D P, P M G ↬R, P D P M, G ↬R G S
2. S S R R, M M G R, P M G R, D M G R, n n D P D M G R, S' S' n n D P D M G ↬R, R' R' S' S' n n D P D M G ↬R, P M G ↬R, R R M P, n D P, n n D P, S' n D P M P D P M G ↬R G S, S', S
3. 'N S R 'N S, 'N S R M G R 'N S, 'N S R M P D M G ↬R 'N S, 'N S R M P D n D P D M G ↬R 'N S, 'N S R M P N S' R' S' n D P D M G ↬R 'N S, R, M P, n D P, P D P M, G ↬R G S, S

4. S', N S', P N S', M P N S', R', R' G' R', M' G' ↬R', P' M' G' ↬R', N, S', S' R' S' n D P, n n D P, M P D M G ↬R P M G ↬R, M G ↬R G S, R G M P D P M G ↬R G S, S

5. S R M P D P M G ↬R G S, S R M P S' n D P D M G ↬R G S, S R M P N S' R' S' n D P, D M G ↬R G S, S R M P N S' R' P' M' G' ↬R' S' n D P D P M G ↬R G S, S

6. P D P M G ↬R G S, 'N S R M P D P M G ↬R G S, 'N S R M P N S' R' S' n D P D M G ↬R G S, 'N S R M P N S' R' M' G' ↬R' S' n S' R' S' n D P M G ↬R G S, 'N S R M P N S' R', P' M' G' ↬R', N S' R' n D P M G ↬R G S, R R N P n D P, P D P M, G ↬R G S

7. S' N S', P N S', M M P P N N S', R R M P N, N S', R' G' R' S', R' G' R' P' M' G' R', N S', R' S' R' n D P, R M P N, S' R' n D P, n D P, D P, M P D P M G R, R M P n D P, P D P M G ↬R G S

8. S' n D P M G ↬R S, S' R' S' n D P M G ↬R G S, M' G' R' S' n D P M G ↬R G S, P' M' G' R' M' G' R' S' N S' R' S' n D P M G ↬R G S, 'N S R G S R M P D M P N S' R' G' S' R' P' M' G' R' S' n D P M G ↬R S

9. 'S, 'R, 'M 'P, 'N S, S, R, M P, N S', S', R', M' P', N' S", S", S" n' D' P', P' D' P' M', G' ↬R' G' S', S', S' n D P, P D P M, G ↬R G S, S, S 'n 'D 'P, 'P 'D 'P 'M, 'G '↬R 'G 'S, 'S, 'S S S' S" S' S 'S, 'S, 'R, 'M 'P, 'N S, S

10. (M) R M R M, P, D, (n) D, P D P, (P) M P (S') n S', S' R', ↬R' G' S', n S' R' S', R' n S', R' S' n D, (n) D P M, (M) P D P M, G ↬R G S

~0~

17. DESHKAAR / DESIKAAR

Aaroh S R G, P, D S'
Avroh S' D, P, G P D P, G R S
Pakad D, P, G P, G R S
Vaadi D (Dhaivat)
Samvaadi G (Gaandhaar)
Varjit M (Madhyam) and N (Nishaad) in both Aaroh and Avroh
Jaati Auduv—Auduv
Thaat Bilaawal
Samay Din Ka Doosra Prahar

1. S R G, P, D S', S' D, P, G P D P, D, P, G P, G R S
2. G R S, P, (P) G P D, S', D P, (P) G P D P, D, P, G P, G R S
3. S R S G R S, P G P D P, P, (P) G P D S', D, P, G P D P, G R S
4. S 'D, 'P, 'G 'P 'D 'P, 'G 'R 'S, 'S, 'S 'R 'G, 'P, 'D, 'D S, S, S R G, P, D, D S', S', S' R' G', P', D', D' S", S", S" D', P', G' P' D' P', G' R' S', S', S' D P, G P D P, G R S, S, S 'D 'P, 'G 'P 'D 'P, 'G 'R 'S, 'S, S, S', S", S" S' S 'S S, S
5. G R S, P G R S, D P G R S, S' D P G R S, S R G, P, D S', G' R' S', P' G' R' S', D' P' G' R' S", S" D', P', G' P' D' P', G' R' S', G', P', D', P', G' P', G' R' S', S' D, P, G P D P, G R S, S 'D, 'P, 'G 'P 'D 'P, 'G 'R 'S, 'S S S' S" S' S, S
6. (D) S D, (P) D D S' (P) D S', (S') D P, (G) P G P D P G P, (P) G P D D, (D) R' S', S', S' D, P G, G P, G R S

7. G G R S, P P G R S, S S G G P P D S', S' S' D P G P D P, G G R S

8. (P) D, P D, D, P, (P) G, G, P G, G R S, S 'D, S, S R (P) G P, (P) G P, (G) P G, P, D S', S' R' S', S', S' R', S' R' G', G' R' S', S' D S', S' D, (P) D P, P G R S

9. P G P, P D P, D, P, D S', (S') D, P D P, (P) G P D P, G R S, S S R G G P, P D D (P) D S', (S') G' R' S' D, (P) D, D P, G P D P, (P) D, P, G P, G R S

10. (G) P, (P) D, (D) S', (D) S' D, S', S' R' S', S' D, P, (G) P G, G P D, (D) P D, D S' D P, D, P, (D) S', (S') G' R', G' R' S', S' (n) D P, P, G P D P, G R S

11. 'S 'R 'G, 'P, 'D S, S R G, P, D S', S' R' G', P', D' S'', S'' D', P', G' P' D' P', D', P', G' P', G' R' S', S' D, P, G P D P, D, P, G P, G R S, S 'D, 'P, 'G 'P 'D 'P, 'D, 'P, 'G 'P, 'G 'R 'S

12. S' D P G P G R S, S R G P D S', D P G P G R S 'D 'P 'G 'P 'G 'R 'S, 'S 'R 'G 'P 'D S, S S' S

13. (S') D S', (D) P, (P) G P D P, D S', S' R' S', S' G' R' S, G' G' R' S', S' R' S' G' R' S', G' R' S', (S') D S', (D) P, (P) G P, G P D P, G P, G R S

14. (D) S', (D) P, (P) G P, D P, G S, R, (R) 'D, (S) 'D S, (P) G R, (P) G P (S') D S', P D S', D P G R S, P D S', P, D S', (S') D P G P G R S

15. S G R S, R 'D, S, 'D S, P, P G, P D P, G P, G, R, S, S R G P, (D) P D S', S' D S' R', S' R', S', S' S' D S', S' D P D, S' S' D P, (P) G P D, D, P, G P, G R S

~0~

18. DESI

Aaroh S, RgRS, R, 'nS, RMP, RMP, dP, S'
Avroh S', P, dP, MPg, R, PgR, 'nS
Pakad RMPRMP, dP, MPg, R, PgR, 'nS
Vaadi P (Pancham)
Samvaadi R (Rishabh)
Vikrut r (Komal Rishabh)
g (Komal Gaandhaar)
d (Komal Dhaivat)
n (Komal Nishaad)

[The usage of Vikrut Swars varies. Some use Komal Rishabh in Avroh and call it as Raag Komal Desi. Some use only Komal Gaandhaar; some use only Komal Dhaivat; some use only Komal Nishaad; some use all Gaandhaar, Dhaivat, and Nishaad as Komal; while some use both Shuddha and Komal Nishaad.]

Varjit Both G (Gaandhaar) and D (Dhaivat) in Aaroh

[Some use D (Shuddha Dhaivat), but sparingly.]

Jaati Auduv—Sampoorna
Thaat Aasaavari
Samay Din Ka Doosra Prahar

[Raag Desi fuses Raag Saarang in the Purvaang and Raag Aasaavari in the Uttaraang.]

1. S, RgRS, R, 'nS, RMP, RMP, (n)dP, S', S'↘P, dP, MP(M)g, R, P(M)gR, (S) 'nS, RgRS, S
2. MMPS', NS', R'g'R'S', R'NS', S', P, (n) dP, M(M)PgR, RMPS'↘P, dP, MPg, R, S, R'NS, 'NS, MMPS'
3. SRgRSR'nSRMPRMPdPS', S'PdPMPg RPgR'nS

4. S, (S) 'N S, R (M) P g, R, (S) 'N S, R M P R M P, (n) d P, M P g, R, P g, R, 'N S, R 'N S, (S) 'N S, S

5. (P) M P (S') N S', (S') g' R' S', (n) d↘P, P, M P, (M) g R M P, S'↘(n d) P, P d, M P, (M) g R M g R, (S) R, 'N S, S↘'P, ('P) 'M 'P (S) 'N S

6. R ('n) S 'n S, R 'n S ('n) 'd P, M (P) D P M, P (M) g R S, (R) M P R M, P (M) g R, (R) M g R S, S R M P n S', n S' R' n S', (n) d P, (n) M (n) d, (n) D P D n, n d P M P D, (n) D P S, (S) 'n S, R ('n) S 'n S

7. S 'n S r P, (M) g↘R g, R S, (S) r 'n S, M P↘R M, S, P M (P), P d M P, (M) g R, r g R, M M P (S'), n S', S'↘P, (P) M P d P, (P) n (d) n, P M P, (M) g↘R g, S 'n S r P

8. P M P, (M) g R g, R S, R 'n S, S↘'P, ('P) 'M, 'P, ('P) S, 'n S, (M) R (P) M (D) P D P, (P) g R, 'n S, (S) R 'n S, R 'n, S

9. P, P M, (M) R M, (P) M P, P (n) d P, (M) P (M) R M P, (n) d P, (P) M P, (P) g R, 'n S, R M P R M P, P g R, 'n S

10. M P ('n) d P S', (S') 'n S' R' S', (S') g' R' S', R' S'↘(n d)P, (P) M P S', R' g' R' S', R' M' P' R' M' P', d' P' S'', S'', S''↘P', P'↘R', R' n S', (S') P d P, (P) g R, 'n S, S S' S'' S' S, S

11. P M P (n) D P, (M) g R (P) n D P, M P (M) g R, P (M) g R, (S) N S, (P) n P, M P, (M) g R, (R) 'N S, S↗P, P↘R, S

12. r M P n d P, (P) M P n d P, P↗P', d' P', (P') M' P' g' R', n S', (S') P d P, P n↘(d)P, M P, (M) r M n d P, (M) g R, R, 'n S

~0~

19. DEVGIRI BILAAWAL

Aaroh S, R G, M P, D N S'
[Some omit Madhyam in Aaroh., making it as S, R G, P D N S']
Avroh S' N D P, M G, R S
[Gaandhaar and Dhaivat are weak in Avroh. Some use both Shuddha and Komal Nishaads (N, n) in Avroh, making it as S' N D P, D n D P, M G R S]
Pakad 'N S, 'D 'N 'D S, R G, M G, P, M G, G R, S
Vaadi S (Shadaj)
[Some consider Dhaivat (D) as Vaadi swar]
Samvaadi P (Pancham)
Jaati Sampoorna—Sampoorna
[Some omit Madhyam in Aaroh and the Jaati then is Shaadav—Sampoorna. Some omit both Madhyam and Nishaad in both Aaroh and Avroh, then the Jaati becomes Auduv—Auduv, and it is called as Raag Auduv Devgiri.]
Thaat Bilaawal
Samay Din Ka Pratham Prahar
[Some consider Raag Devgiri Bilaawal as a mixture of Raag Shuddh Kalyaan and Raag Bilaawal, with hints of Raag Kalyaan. Some consider it as a mixture of Raag Bilaawal and Raag Yaman (without Teevra Madhyam). Some use Teevra Madhyam (Ḿ) and call it as Raag Yamani Bilaawal. Some use both Shuddh and Komal Nishaads (N, n), while some use either one of them. Some use Komal Nishaad with only Dhaivat.]

1. ('N) S 'N, ('D) 'N 'D, S, (G) R, (G) R G R, ('N) S R S↘('N 'D) 'P, ('D) 'P↗G, G, (P) G P, P, P↘G, (P) G P, (G) R S
2. 'D, 'D↗S, S↘'D, 'D S, 'D S R G P D N P, 'D S R G P R, 'D S R G P, 'D S R G M G, 'D S R G, 'D S, 'D↗S, S↘'D, 'D

3. S, ‘N S, (‘N) S R S, S↘(‘N ‘D)‘P, (‘D) ‘P↗G, (G) R G R S, S↗S’, N D N S’, (S’) D↘(n)P, (P) G P, N D N (D) P, (Ḿ) P, (P) G, (P) G↘P, (D) P P D N, (P)↘(G) R, (G) R G↘R, (G) R S, S, (‘N) S R S, ‘N S

4. S, S R G, (M) G M↘(G) R, (G) R↘G, (G M) M P, (M) M P M↘(M R) S, (‘N) S R↘S, G R G↘R S, (S) P↘G M, G M P, M G↘(G R S) ‘N S, S↗G, R S, (S) ‘N S (‘D) ‘N ‘D S, (‘N) S R, (G) R↗G, (G) M P M, (M) G M P M G, G↘(R)S, S

5. S, S R S, S, (P) G P D S’, G P D S’, (G) P D S’, (S’) D S’, R’ S’, (S’) D P, P↗S’↘D↗S’, S’, S’↘D↗R’ S’, S’↘D P, (P) G P, G↘R S, S, S R S, G R S R S, S G (R) G P G R S R S, (P) G R (P) G P, (P) G P G R S R S, (G) P (S’) D S’, S’, (S’) D S’↘D P, P, (P) G P D S’, S’ D↗R’ S’, D P, (P) G R S, S, S R S, S

6. S, S R S, S R G, S R G P D N D N S’, S’ R’ S’ D N D S’, S’ R’ G’ S’, S’ R’ G’ M’ G’ R’ S’, S’ R’ G’ M’ G’ P’ M’ G’ R’ G’ M’ G’ R’ S’, P’ M’ G’ R’ S’, G’ M’ G’ R’ S’, G’ R’ S’ N D N P M G R S, ‘N ‘D, ‘N ‘D S, ‘N ‘D ‘P, ‘P ‘P ‘N ‘D S, S G, R G, P G, M G R, ‘D ‘N R G, P M G R, G P D N P, G M G R, G R, S R S, R G, M G R G M P M G R, G P N D N P M G R S, G R S, ‘N ‘D S R G, S R G, S R S, S

7. ‘P, ‘P↗S↘‘P, ‘P, ‘P ‘D ‘N ‘D S, S, (S) ‘D N R G, P M G R, S R S ‘N ‘D S, P N D N S’, N (D) N P, G M R P M G R, G R S, S↘‘P, ‘P, ‘P↗S↘‘P, ‘P, ‘P ‘D ‘N ‘D S, S

~0~

20. GAUDSAARANG

Aaroh	S, ↬G R M ↬G, P Ḿ D P, ↬N D S'
Avroh	S' D ↬N P, D Ḿ P ↬G, M R, P, R S
Pakad	S, ↬G R M ↬G, P R S
Vaadi	↬G (Gaandhaar)
Samvaadi	D (Dhaivat)
Madhyam	Ḿ (Teevra Madhyam) only in Aaroh. M (Komal Madhyam) in both Aaroh and Avroh

[Some use Teevra Madhyam in both Aaroh and Avroh.]

Vakra	↬G (Gaandhaar) and ↬N (Nishaad), in both Aaroh and Avroh. In Avroh ↬N is used less.
Jaati	Sampoorna—Sampoorna
Thaat	Kalyaan
Samay	Dopahar

1. S, ↬G R M ↬G, P Ḿ D P, ↬N D S', S' D ↬N P, D Ḿ P ↬G, M R, P, R S, S, ↬G R M ↬G, P R S
2. ('↬N) S M ↬G P, (P) M P D ↬N, Ḿ P M ↬G, M R S, S R S, ↬G R M ↬G, (↬G) S, (↬G) M ↬G, P (Ḿ) P, P D ↬N (Ḿ) P, (Ḿ) P M ↬G, ↬G M ↬G P, D ↬N S' ↬N D P, (P) ↬G R M ↬G, P, R S
3. ↬G R M ↬G P, ↬G R M ↬G P Ḿ D P, ↬G R M ↬G P Ḿ D P ↬N D ↬N P, ↬G R M ↬G P Ḿ D P ↬N D ↬N P D Ḿ P
4. S ↬G R M ↬G P Ḿ D P ↬N D S', S' D ↬N P D Ḿ P ↬G M R ↬G R M ↬G P R S
5. S ↬G R S, S ↬G R M ↬G P R S, S ↬G R M ↬G P Ḿ D Ḿ P R S, S ↬G R M ↬G P Ḿ D P ↬N D S' ↬N D P D Ḿ P, ↬G M R P R S

6. S' ↬N D P M R P R S, S' ↬G' P' R' S' ↬N D P M R P R S, S' R' S' ↬G' P' R' S' ↬N D P M R P R S, S' R' S' ↬G' R' M' ↬G' P' R' S' ↬N D P M R P R S, S' R' S' ↬G' R' M' ↬G' P' Ḿ' D' P' ↬G' P' R' S' ↬N D P M R P R S, S' R' S' ↬G' R' M' ↬G' P' Ḿ' D' P' N' D' S" ↬N' D' P' M' R' P' R' S', S' ↬G' P' R' S' ↬N D P M R P R S, S' ↬N D P M R P R S

7. P D Ḿ P, ↬G M R S, ↬G R M ↬G, ↬G M P D, Ḿ P M ↬G, D Ḿ P ↬G, M R S ↬G R, M ↬G P Ḿ, D P ↬N D, S' ↬N D P, P D P S', S' R' S' ↬N D S' R' S', S' D ↬N P, Ḿ P S' D P, ↬G M R P, ↬G M R S, ↬G R M ↬G, ↬G, M R P R S

8. P ↬N D ↬N S', S' R' S', (Ḿ) P ↬N D ↬N, (Ḿ) ↬G M ↬G P ↬N D S', S' ↬N D P, M ↬G M D P, P Ḿ D P ↬N D ↬N S'

9. ↬G M D P ↬G M R S, R S Ḿ P, Ḿ P M ↬G S, S (↬G) M ↬G P, Ḿ P D ↬N Ḿ D Ḿ P M ↬G, (P) M P ↬N D ↬N S', ↬N D P M ↬G, (↬G) M ↬G P (↬N) D ↬N Ḿ D P, (D) P M ↬G, (↬G) M R S, S 'D '↬N 'P, ('P) 'D 'Ḿ 'P '↬G, '↬G 'R 'M '↬G, '↬G 'M 'R 'S, 'S 'R 'S, ('S) '↬G 'R 'M '↬G, '↬G 'P 'Ḿ 'D 'P '↬N 'D S, S

10. M ↬G R S ↬G R ↬G M ↬G, (P) ↬G M P M ↬G R S ↬G R ↬G M ↬G, P Ḿ P M ↬G, (P) ↬G Ḿ D P S', (S') D S' R' S', (S') D ↬N P M ↬G P S', S' (D) P D Ḿ P ↬G, ↬G R ↬G M ↬G, ↬G R M ↬G, P R S

11. S 'D↘('↬N) 'P, 'P 'M 'P '↬G 'M 'R, 'R '↬G 'M 'P 'R 'S, 'S, '↬G 'R 'M '↬G, 'P 'R 'S, 'S S S' S" S' S 'S

~0~

21. GAURI

Aaroh ('N) S, (S) r 'N, r, P M, (S') N S'
Avroh S' N d N, M P d P M, M M r G, r S, 'N, S
Pakad S 'N 'd 'N, r G r M, G r S r 'N, S
Vaadi r (Komal Rishabh)
Samvaadi P (Pancham)
Madhyam M (Shuddha/Komal Madhyam)
[Some use Teevra Madhyam (Ḿ).]
Vikrut d (Komal Dhaivat) in Avroh
Varjit G (Gaandhaar) and D (Dhaivat) in Aaroh. In Avroh both are allowed, but Dhaivat is Komal (d).
Jaati Auduv—Sampoorna
Thaat Bhairav
Samay Sandhya Kaal

[There are several types of Raag Gauri. In the Bhairav Thaat type, Raag Kaalingadaa and Raag Shree are mixed. The distinguishing feature of this Raag is the extensive use of Mandra Nishaad ('N). Raag Gauri of Poorvi Thaat mixes only Raag Shree. Sometimes, both types of Madhyam (M, Ḿ) are used. When Shuddha Dhaivat (D) and both types of Madhyam are used, then it belongs to the Maarva Thaat and is known as Raag Lalita Gauri. Some also use Komal Dhaivat (d) in Aaroh. The following Swar Vistaar includes various types of Raag Gauri.]

1. ('N) S↗P, P S', (S') N S', S' r', r', S', S' N d N, r' N, d P M P G, (r) G r S 'N 'd 'N, 'N, r G r M, G r S r, 'N 'N S, 'M 'd 'N S, 'd 'N S, M M r G, r, S, (S)↘P d P M, r G, r r S, 'N S, M P d P M, d P M, r G, r S, S 'N 'd 'N, r G r M, G r S r 'N, S

2. S 'N 'd 'N, r G, r M G r, S r, 'N S, S S P P, P M P d, M G, M G r S, 'M 'd 'N, S, r, r r, G r S, S↗M, M M G r S, 'N 'd 'N, 'N↗(S)r, r, r G r S
3. S, S ('N) 'd 'N, 'N↗r r G r, r G r Ḿ G r S r 'N S, S 'N 'd 'N, r, r M Ḿ G, M Ḿ G, Ḿ G M r G, r, M Ḿ G r, S r 'N S, S↘('N) 'd 'P, 'P, 'P 'Ḿ, 'Ḿ 'd 'Ḿ 'd 'N, S, r, r G r S, S↗M, M Ḿ G M r G, G M d P M, r G r Ḿ, G r S r 'N S, (S) 'N ('N) S, S
4. S↗Ḿ, (Ḿ) P, Ḿ G r G r S↗Ḿ, Ḿ d, N S' r' S', r' N d P, P, d P Ḿ G r, P Ḿ G r, G r, S, S ('N) S, ('N) S↗P, P Ḿ G r G r S 'N S r 'N 'd 'P, ('Ḿ) P Ḿ G r G r S, r S ('N) S r, r, S
5. ('d) 'N 'd 'N S, G (M) d M G r S, r, S r S 'N 'd 'M 'd 'N r S, (S) r, r, (r) M M G Ḿ, M P d P M P, M (d) P, P↗S', S' N' S' r', r', (r') S' (N) d (P) M (d) P, (P) G M G (r) M G r S
6. S', (S') r' (S') N (S') r', r', r'↘(N d P) Ḿ, (Ḿ) P M, M Ḿ P, P, (P) G r S ('N) S↗P, (P) M Ḿ P (Ḿ) d Ḿ P, P Ḿ P G (r) G r S, 'N S G r, r, S
7. r M P, P N S', S' r', r', N S' N d P, N d P, P (d) N d P, (P) d M P G r S, 'N r, G r, 'N G r S, (S) 'N↗r↘('N 'd) 'P, 'P↗S↗P, P↘(M G r G M r) S, (S) r, r, r G r S
8. (G) M G r G M r G M P, (P) d P M G r G r S 'N S, (S) r 'N S r S 'N 'd 'P, 'd 'P 'M 'P, 'N 'S, r, r S, r G r S r M r G r S, 'N r S, (S) r↗(G M) P, P M, (S') N S', S' N d N, M P d P M, M M r G, r S, 'N, S

~0~

22. GONDMALLAAR / GAUD MALHAAR

Aaroh S R (g) M, P, D (n) S'
Avroh S' (D) n P, M P g M, R S

OR

Aaroh R G R M G R S, R P M P, D (N) S'
Avroh S' D n P M, G M R S

[In Aaroh, Nishaad is sometimes scarcely used.]

Pakad R G R M G R S, P M P D S', D P M
Vaadi M (Komal Madhyam)
Samvaadi S (Shadaj)
Nishaad Both Shuddh and Komal Nishaad (N, n)
Gaandhaar Both Shuddha and Komal Gaandhaar (G, g)

[Some use both, while some use either Shuddha or Komal Gaandhaar.]

Vikrut g (Komal Gaandhaar)
n (Komal Nishaad)
Jaati Sampoorna—Sampoorna
Thaat Kaafi OR Khamaaj

[Two opinions exist. Some favor Kaafi, while some favor Khamaaj.]

Samay Varsha. Anytime in monsoon.

1. R P, M P, D S', D P, M, (G) R G R M G R S
2. R G R M G R S, (S) R G M P M G R P M P D S', S'↘D, P D N S' R' S' N D S', S' R' S' N D n P, (M) R P M P, (S') D S', (D) n P M P M G, (G) M G M R S
3. S R M, P, D S', S' n P, M P g M, R S, R G R M G R S, P M P D S', D P M

4. S (R) M R, (R) P M, (M) n P S' N S', (S') D n P (G) M, (M) P M↘G, (G) M P (G) M, M G, (M)↘R, (R) M R S

5. (M) P (S') D (N) D S', S', (N) S' R' S', (S') D (N) D, (D) S' (N) S' R' S', (S') D n P, (G) M↘R P M, (P) M P (S') D S' D P, (G) M P M↘R S', S' (P) n (D) n P M P (M) R M R S, R S, (S) R S

6. M R P M n P (S') N (D) S', (S') D↗n P, (G) M P M↘G, (G) M P M, (M)↘R, (G) R S, R S

7. (M) P S'↘D S' (N) S' R' S', (S') D (N) D S' R' S', (S')D↗n P, (R) M R P, (P) M P D N S' R' S' N S', D P (G) M P M G, (G) M (D) P M G S, S, R G M P M G M, R G R M G R S

8. S R G R S, R G M P M G R S, R G M P (S') D S' D P M G R S, R G M P D S' R' S' D n P M P M G R S, R G M P (S') D S' R' G' R' S' N D n P M G R S, R G R M G R S, R G R G M P M G, M P D S' D P M P M G, G M P D P M, D n P, (P) M G, R G M P, M G R S

9. S R M, P, D S', S' n P, M P g M, R S, S (R) M P D↗S' R S', S' n P M, (M) P↘g M, R S, S R M P D S', S' n P M P g M R S, S 'n 'P 'M 'P 'g 'M 'R 'S, 'S, 'S S S' S, (S) R S

10. (S') N S' R' S' N S', (S') D↗n P, P M P (S') D↗S', S' (P) N P M P, M↘R, (M) g M n P (M) g M R S, S S', (S') N S' R' M' R' S', S'↘n P N S', S' n P n↘D N S', (S') D P, M, (g) M R S

11. S', D P, M, P, D S', (S') N S', S' (M') R' M' R' (S') N S', (S') D↗n P, (M) P R' S', R' R' S', (D) n P (M) g, (M) g M R S, 'N S R g M R S, S', (S') D↗S', D P M g M, (M) g M↘(R) S

~0~

23. HAMIR

Aroh SRS, GMD, ND, S'

Aaroh	S R S, G M D, N D, S'
Avroh	S' N D P, Ḿ P D P, G M R S
Pakad	S, R S, G M D
Vaadi	D (Dhaivat)
Samvaadi	G (Gaandhaar)

[Some use Vaadi as Pancham.]

Vikrut	Ḿ (Teevra Madhyam)
Madhyam	Ḿ (Teevra) and M (Shuddh/Komal)
Jaati	Sampoorna—Sampoorna
Thaat	Kalyaan

[Some do not use Teevra Madhyam in Raagas like Hameer, Kedaar, Kaamod, Chaayanat, etc., and consider them belonging to Bilaawal Thaat.]

Samay	Raatri Ka Pratham Prahar

1. S, R S, G M D, N D, S', N D P, Ḿ P D, P, G M R, G M D, P, R, P, G M R, S R, S, G M D, G M R G M D, Ḿ R, S R S
2. S R S, G M D, N D, R' S', N D, P, Ḿ P N D, P, G M R G M D, P, R, G M D, S' R' S', N D, P, G M D, P, M R, S R S
3. S, G M D, N D, S', N D, R' S', N D, P, G' M' R' S', R' S', N D, P, G, M R, G M D, P, G, M R, S R, S, G M D, S
4. S, 'N 'D, 'P, 'Ḿ 'P 'D, 'P, S, R R S, G M R S, S R G M D, P, G, M R S, S' R' S' N D P, G M D, P, G M R S, S R S
5. S, G M D, Ḿ D, N D, S' N D, S' R' S' N D, G' M' R' S', R' S', N D, N D, P, P', G' M' R' S', R' S', N D, P, G, S, S R S, G M D

6. S R S, S R G M R R S, P P G M R S, D D P P Ḿ P D P G M R S, S' R' S' N D P Ḿ P D P G M R S, M' M' R' S' N R' S' N D P Ḿ P D P G M R S

7. D, N D, S', N D, S R G M D, N D, R' S', N D, P, Ḿ P N D, P, P, G, M R, G M D, P, G, M R, S, R S, G M D

8. D, P D, G M D, R G M D, S R G M D, N D, S', N D, R' S', N D, G' M' R' S', N D, P' P' G' M' R' S', N D, N D, P, G M G R G M D, P, G, M R, S R, S, R S G M D

9. P D P G M P, S R G M P, D P N D P S', N D, P, R' S', N D, P' G' M' R' S', N D, P, P' P' G' M' R' S', N D, P, R' S', N D, P, Ḿ P N D, P, G, M R, G M D, P, R, S, S R S, G M D

10. P S', S', S' D, R' S', G' M' R' S', G' M' P' G' M' R' S', S', R' S', N D, P, P', G' M' R' S', R' S', N D, P, Ḿ P N D, P, G, M R, G M D, P, G, M R S, S, R S, G M D, P, R S

11. S', D, S', P P D, S', S R G M D, S', D, S', R' S', G' M' R' S', P' P' G' G' M' R' S', S' R' S', R' S', N D, P, D, P, G, M R, S, R S, G M D, P, G, M R, S R S

12. S R S, S R G M P G M R S R S, S R G M D D Ḿ P G M P G M R S R S, S R G M D P N D S' R' S' N D P Ḿ P G M R S, S R G M D, N D, S, G' M' P' G' M' R' S', S' R' S' N D P Ḿ P G M P G M R S, S R S, G M D, P, M R, S, R S

~0~

24. HEM KALYAAN

Aaroh S, R S, G M P, D P, P D P, N S'
[Dhaivat and Nishaad are weak in Aaroh. Some omit Nishaad.]
Avroh S', N D P, D P, G M P, G M R, S
[Some use Teevra Madhyam in Avroh.]
Pakad 'P, 'D 'P, S, R S, S M G P, G M R S
Vaadi S (Shadaj)
Samvaadi P (Pancham)
Jaati Sampoorna—Sampoorna
Thaat Bilaawal
Samay Ratri Ka Doosra Prahar
[Some consider Raag Hemkalyaan as a mixture of Raag Shuddh Kalyaan and Raag Kaamod.]

1. S, 'P 'D 'P↗S, S R S, (S) G M R S, S↘'P, 'P 'D 'P S, S, S M G P, P G M R S, G M D, P, P D P S', S', S'↘P, D P, P↗S', D P, G M D, P, P G M P G M R S, S, S↘'P, 'P 'D 'P↗S, S
2. P M G, P, N S', G' R' S', N S', N D P, (P) G P, (D) N S' N, D P, P D, M G, R S, G M P, G R S, ('N) S, S, (S) M G, S, G M P, P↗S'↘P, G M, G R, S R S, ('N) S, M G, P, P D P, (G) M R S, R S, (S) 'D S, S↘'P, 'P 'P, 'D 'P, S, S, R S, G M R S, G M P G M R S, S, M G P, G M R S, R S, 'D 'P, S, G M P, G M R S, S, M G, R S, P, D P S' D P, D P, G M P, G M R S, R S, 'D 'P S, 'P 'D 'P S, (S) 'D S, S R S, ('N) S M G, P, (G) P, (P) G M P, (P) G, M R S
3. S M G P M D P G P R S, S M G P D P G M G R S, S M G P S' R' S' N S' R' S' D P G M P G M R S, S G P D P Ḿ P G R S

4. ‘P ‘D ‘P S ‘D S R S M G P G M P G M R S ‘N S M G P D P M R S G M P M G R S
5. P M P D P M G S ‘N S R G M P D M G R G S ‘N S R S G M P G R S
6. S M G P N S’ G’ R’ S’ N S’ R’ S’ N D P M G R S ‘N S ‘D S ‘P ‘D ‘P S ‘D ‘P ‘N S R S
7. S R S, G M P, D P, P D P, S’, D P, G M P, G M R, S, S↘‘P, ‘P, ‘P ‘P ‘D ‘P, ‘D ‘D ‘P, ‘P ‘D ‘P, ‘D ‘P, ‘P ‘P S, R R S
8. S, S M G P, D P, P G M R, S, R S, S R S, G R S, G M P, G M R S, P, M G M R, S
9. S, P, S S P S, S P P S, S P S S, P S S P, P S P, S P S, S↗P, P↘S, P↘S↗P, S↘‘P↗S, P, S
10. S ‘P ‘P ‘D ‘P ‘D ‘D ‘P S, S P D P S, S R S, S G R S, S G M P S, S G M R S, S P M G M R S, S G M P G M R S, S R S P M G M R S, S G P D P G M P G M R S
11. (‘N) S, S, M G, P, P↘S, P D P, (G) Ḿ R S, S, S↘‘P, (‘Ḿ) ‘P, ‘P, ‘D ‘P, ‘P↗(‘N) S, (S) R, S, S (G) M G, P↘Ḿ, D P, (G) P↘G, P, G R, S R, (G) R S, G Ḿ R, S
12. S, P, P D P, M, G↘S, ‘N S, R, G M P, D M, G R G S, S, ‘N S, R S, G M P, G R S, M G, P, N S’, S’, G’ R’ S’, N S’, R’ R’ S’, S’, N D P, (P) G P N S’, G’ R’ S’ N S’ R’ R’ S’ N S’, S’, N D P, G M P G M R S, G R S, R S, S

~0~

25. HINDOL

Aaroh S G, Ḿ D ↬N D, S'
Avroh S', N D, Ḿ G, S
Pakad S, G, Ḿ D ↬N D Ḿ G, S
Vaadi D (Dhaivat)
Samvaadi G (Gaandhaar)
Vikrut Ḿ (Teevra Madhyam) in both Aaroh and Avroh.
Varjit R (Rishabh) and P (Pancham) in both Aaroh and Avroh.
Vakra ↬N (Nishaad) in Aaroh
[Nishaad is used sparsely.]
Jaati Auduv—Auduv
Thaat Kalyaan
Samay Din Ka Pratham Prahar

1. G S 'D S, S, G, Ḿ D ↬N D Ḿ G, S, G Ḿ D ↬N D S', S' G' Ḿ G S', S' N D ↬N, D Ḿ G Ḿ D S', N D Ḿ G, Ḿ G, S
2. (S) G, S↘('N) 'D, ('D) 'Ḿ 'G 'S, 'S, ('Ḿ) 'G, ('Ḿ) 'D S, S, S G Ḿ G S', S', (S') Ḿ' G' Ḿ' G'↘S', S'↘(N)D, (D) Ḿ G S, S
3. (D) Ḿ D S', S'↘(N D) Ḿ, (Ḿ) D S', S'↘D, (D) S', (S') D Ḿ, G, Ḿ G, S
4. S S', S'↘D, Ḿ G S↘'D, 'N 'D 'Ḿ 'G, 'S, 'S S S', (S') Ḿ' D', (D') Ḿ' D' S", S" S' S 'S, 'S 'G 'Ḿ 'D '↬N 'D S, S
5. D S', Ḿ D S', G Ḿ D S', G Ḿ G S', G Ḿ D Ḿ D S', S' Ḿ D S', S'↘D, Ḿ G, G↘S, S, G, Ḿ D ↬N D Ḿ G, S
6. (D) Ḿ D, (D) Ḿ (D) S', S'↘(N) D, D, (D Ḿ) G, (G) Ḿ G, S

7. S' G' S', S' G' S' Ḿ' G' S', S' D S', S' D Ḿ G S, S G Ḿ D Ḿ D S', S' D S', S 'D S, S' D S', S 'D S, S S' S

8. S, S 'D S Ḿ, G↘S, S 'N 'D, '↬N 'D S, (S) Ḿ G, G Ḿ D, Ḿ D ↬N D, S', S' G' S', S'↘D, (D) Ḿ D S', S' G' Ḿ' D' ↬N' D' S'', S''↘D', D' Ḿ' G', S', S' D Ḿ, Ḿ G Ḿ, G↘S, S

9. Ḿ G Ḿ D, (D) Ḿ D S', (S') D S', (S') D Ḿ G, Ḿ D Ḿ S', S' G' S', S' Ḿ' S', S' G' S' Ḿ' G' S', S' (N D) Ḿ G, G↘S, S 'D S, S↘'D, ('D) S

10. 'N 'D 'Ḿ, ('Ḿ) 'G, ('G) 'Ḿ 'G, 'G 'S, 'S, 'S 'G, ('Ḿ) 'D, 'D S, (S) 'D 'Ḿ 'D S, S G Ḿ, G↘S, G Ḿ D, D Ḿ ↬N Ḿ, G Ḿ G S, S↘'D, ('D) 'Ḿ 'G 'S, 'S, ('S) 'G↘'S, 'S 'G 'Ḿ 'D '↬N 'D S, S

11. (↬N) S, (S) S', S'↘D, (D) Ḿ D, D S', S'↘D, Ḿ, Ḿ G, G↘S S↘'D, 'D S, (↬N) S

12. S' N, S' D, S' Ḿ, (Ḿ) D (D) ↬N (D) S', S'↘D, D Ḿ G Ḿ G S, G↘S, S, S↘'D, 'D, D, (D) Ḿ D ↬N D Ḿ G, S

13. G Ḿ D Ḿ G S' G' S', S'↘D, (D) Ḿ D ↬N D Ḿ G, D Ḿ, G↘S, (S) G S G Ḿ G, G Ḿ D Ḿ G S, G Ḿ D ↬N D Ḿ G S

14. S' D Ḿ G Ḿ D S', S' N D Ḿ G Ḿ G↘S, (S) 'D S, S G Ḿ D S', S'↘D, (D) S' G' Ḿ' G' Ḿ' S', S'↘D Ḿ G Ḿ D S'

15. S G S, S G Ḿ G S, S G Ḿ D Ḿ G S, S G Ḿ D ↬N D N D Ḿ G S, S G Ḿ D S', S' G' Ḿ' D' ↬N' D' Ḿ' G' S', S' G' Ḿ' D' ↬N' D' S'', (↬N') D' S'', S''↘(N')D', D' Ḿ' G' S', S'↘D, D, Ḿ G, S

16. 'S 'G 'Ḿ 'D S G Ḿ D S' G' Ḿ' D' S'', S'' S' S 'S, 'S S S' S'' S' S 'S, S

~0~

26. JAIT KALYAAN

Aaroh S R, G P, D S'
Avroh R' S', D P, D G, G R S
Pakad P D G P, P S' P, P D G P
Vaadi P (Pancham)
Samvaadi S (Shadaj)
Varjit M (Madhyam) and N (Nishaad) in both Aaroh and Avroh.
[Some use the Varjit Swars as Kan Swars.]
Jaati Auduv—Auduv
Thaat Kalyaan
Samay Raatri Ka Pratham Prahar

1. S↗S', S'↘P, P, S, G, P G, P D P G, R S, P G, P D G, S, P, P↗S', S'↘S, S↘P, P, (D) G R S
2. S, G P R, S, R S, S S G G P, G P, P, P D G, P D P R, S S R S, P, S, R S, G P, P, P D G, P P S', S', R' S', S' D S', S' R' S', R' S'↘P, G P D S', P, P D G, G P, D G, P, G R S, S
3. S↗P, P, (P) G P S', S', (N) S' R' S', (N) S', S'↘P G, (R) S (P) G P, (D) S' D S', S' R' S', (D) P, (D) S', (Ḿ) P, (Ḿ) P↘D G, (G) P↘G, (G) R S
4. (Ḿ) P S', (N) S' R' S', S' R' S', S'↘P, P G, S, G P, (P) S', (S') R' S', S'↘P, P, (P) G, (Ḿ) P D G P, P S' P, P D G P, D P, G R S, (S) P G, G↗P, P, G P G R S, S↘'P, 'P↗P, P, S
5. S R, G P, P D G P, P S' P, P D G P, D S', R' S', D P, D G, G R S
6. S'↘D, D↘G, (G) P↘G, G↘(R) S, S↘('D) 'P, ('Ḿ) 'P↗(S) 'D S, ('D) S↘'D, 'D↗S, (S R) G↗P, (P) D↘P, P↘R, (R) G↘R S

7. S, G P, S G P, S G P S’, R’ S’, D (P) G, G P S’, G P D P (G) R S, G R S, S
8. S, S (P) G (G) P R S, S R S, (P) G P, P↘(D) G, (P) G P, P, D P, (G) R S, S↘(N) ‘D, ‘D↘‘P, ‘P, (‘P) ‘D↗(‘N) S, S, S R ‘D S, G P D P, (G) R, S, S↘‘P, ‘P↗S, S
9. S, S↘‘P, ‘P S, S R ‘D S, R S, P G P, D P, S’, P D P G P D P, G P D P, G P D P (G) R, (G) R, G R, G R S, S
10. ‘P, ‘P S R S ‘P S R S ‘P, ‘P S R S G P D P R S ‘P, ‘P S P S’ P S ‘P, ‘P P S’ P ‘P, ‘P
11. (G) P, P G, (P) G P, D P, (P) D P, (G) R, R S, G R S, (P) G↘P G, (‘N) S, (P) G P, (Ḿ) P, (Ḿ) P↗D (Ḿ), (Ḿ) G R S
12. P, P S’, S’, R’ S’, S’ R’ S’, S’↘P, P, (P) G↗P, P, P S, P
13. S, S P, P G, G P, D P, P D G P, P S’ P, P D G P, P D S’, R’ S’, S’ D, S’ D S’, D P D G, G P D S’, S’ P, D G, G R S, S
14. S’ P D G P D P G R S, G P S’ P D G P D P G R S, S G P S’ R’ S’ P D G P D P G R S, P S’ R’ S’ D S’ R’ S’ P G S G P D S’ P D G P D P G R S
15. D P R G R S, S G P S’ R’ S’ P S G P S’ P D G P D P R G R S
16. S S’ R S’ G S’ P S’ D S’ R’ S’, S R ‘D S G P D P G R S, ‘P S R S P G P D P S’ P D P G P D P G R S, R S G P S’ G P S’ D S’ P S’ G S’ R S’ S S’ R’ S’ P D P G P D P G R S

~0~

27. JAUNPURI

Aaroh	S, R M, P, d, n S'
Avroh	S', n d, P, M g, R S
Pakad	M P, n d P, d, M P g, R M P
Vaadi	d (Komal Dhaivat)
Samvaadi	g (Komal Gaandhaar)
Vikrut	g (Komal Gaandhaar) d (Komal Dhaivat) n (Komal Nishaad)
Varjit	g (Komal Gaandhaar) in Aaroh
Jaati	Shaadav—Sampoorna
Thaat	Aasaavaree
Samay	Din Ka Doosraa Prahar

1. S, R M P, n d, P, M P d P, g, R S, R M P n d, P, d P d M P g, P g R S, P M g R S
2. S R S g R S, R M g d g R S, R M P n d P, d M P d g R S
3. S R S M g R S, M P d P g R S, S R M P d S', n d S', n S', S' n d, n d, P, d, M P g R M P, P g R S
4. S R S R 'n 'd 'P, 'M 'P 'n 'd 'P, 'M 'P 'd S, g R S P g R S, d P d P g R S, d P d M P g R S, n d P d M P d P g R S
5. 'M 'P 'd 'n S, 'd 'n S 'n S, 'P 'd 'n S R S, M g R S P g R S, S', S' n d n d P d M P d P g g R S, R M P n d P d g R R S
6. S R g R S P g R S d M P g R S, S' n d P M P d P g R S, R S, R' S', g' g' R' S', g' R' S' R' S', S' R' M' P', P' M' P' g' R' R' S', M' P' g' R' M' P', P' M' g' R' S', S' S' n d n d P d M P d P g g R S, R S

7. S R M P g g R S, S R M P d P g g R S, S R M P n d P g g r S, S R M P n S' R', R' n d P g g R S, S R M P n S' R' g' R' S' n d P M g g R S, S R M P d n S' n d P M g R S, M P n d P d M P g R M P d n S', S' R' g' R' S' n d P M g g R S, S R M P g g R S

8. S' n S' d n S' M P d n S' g R' M P d n S', d, S' g' R' S' M' g' R' S' P' g' R' S' R' R' S', R', n d P, M P S' n d P, n n d P, M P d M P g R S, n d P M g R S, n d P, n d, d, n S', S' n S' d n S' M P d n S' g R' M P d n S', S' n d P M P g d M P g R M P M g R S

9. S, R M, P, d, S', n, S', d, n, S', g', R', S', R', n, d, P, M, P, g', R', S', R', n, d, P, S', n d, d, n S', n d, P, M P d, M P g, R M P, M P d M P g R S, S

10. S R M, R M P, M P d, S', S R M R M P M P d S', R' S', g' R' S', M' g' R' S', P' M' g' R' S', R' S' g' R' S' M' g' R' S' P' M' g' R' S', n d, M P d M P g, R, S

11. P, M P, g R M P, n d, P, g R M P, S' n d P, g R M P, R' S', n d P, g R M P, n d P, d, P, M g, R S, R M P d n S', S' g', R' S', M' g' R' S' P' g' R' S', R' R' S' R' n S' g' R' S' P' g' R' S', R', S', S' n d, d, P M g M P d M P g, n n d P, M P S' n d P, P M g g R R S, R g S, R S

12. S, d, d, n d, P, M P, S', n S', d, P, M P n d, P, d, M P g, R g S, 'n 'd, 'P, 'M 'P, 'M 'P 'n 'd, 'd, 'n S, S

13. R 'n 'd 'n 'd 'P, 'd, S, S S R R M M P P d d n n S' S', S', n S' S' n S' S' R' S', R' R' S' S', g' g' R' S', g' R' R' S', M' M' g' R' S', P' P' M' g' R' S', R' n S' g' R' S', P' g' R' S' R' S', R' R' S', n n d P M P M g g R S, S' n d P d M P n d P d g R S

~0~

28. JAYJAYVANTI

Aaroh S, R R, R g R S, 'n 'D 'P, R, G M P, N S'
Avroh S' n D P, D M, R g R S
Pakad R g R S, 'n 'D 'P, R
Vaadi R (Rishabh)
Samvaadi P (Pancham)
Vikrut g (Komal Gaandhaar)
n (Komal Nishaad).

[Both types of Gaandhaar (g, G) and Nishaad (n, N) are used. Normally, in Aaroh, G and N are used, while in Avroh g and n are used.]

Jaati Sampoorna—Sampoorna
Thaat Khamaaj
Samay Raatri Ka Doosra Prahar

[Jayjayvanti is also known as a Mishra Raag (mixed Raag), as a mixture of three different Raags, namely, Sorath, Gaud, and Bilaawal.]

1. S, R S, 'D 'n R (G), (G) R G, (R) G M P, GM, R g R S, 'D 'n R, R g R S, 'n 'D 'P, R, R g R, R S, S
2. S, R S, R g R S, (G) R G, (R) G M, R G M, (R) G M P, G M, R g R S, 'n S R G M, 'n S R G M P, (R) G M, R g R S, 'D ' n R, R 'n 'D 'P, 'D 'G, 'M, ('M) 'R, ('P) 'M, ('D) 'P, 'n, S, R R, R g R S, 'n 'D 'P, R, G M P, N S', S' n D P, D M, R g R S
3. S, R R, R g R S, 'n 'D 'P, R, G M P, N S', S' n D P, D M, R g R S, R g R S, 'n 'D 'P, R, R R, R g R S, S, (g) R (g) R, R, (g) R (g) R, g R R (S) 'N S (g) R, R g, R S, S 'n 'D 'P S, S (M) R, M M P, (P) D, (D) M, G R, M G R S, R R, R g R S, S

4. S R G M P D P N D P M P S', S', N S', n D N S', R' g' R' S', N S', (S') N S' S', N S' R' G', (g') R' g', R' g' R', (R') g' M', (M') R' (P') M' (D') P' n', N S", S", S" n' D' P', D' M', R' g' R' S', R' g' R' S', n D P, R', S' n D P D M R g R S, S
5. 'n S, 'n S R g, R g R S, 'n 'D 'P, 'D 'M, 'R 'g 'R 'S, 'S, 'R, 'G 'M 'P, 'N S, S, 'N S R G M P, G M, P, G M P, N S', S', R' S' R' n D, R' g' R' S', R' n D N S' R' G' M', R' G' R' N, S' R' n D, N S' R' G' M' P', G' M' P' N' S", S", S" n' D' P', D' M', R' g' R' S', n D N S', d n R', (g') R' g', R' g' R' S', S' n D P, D M, R g R S, S 'S, 'S S S' S" S' S 'S, 'S S, S
6. M P (S') N, N S', S' S', (S') n (S') n S' R', R' g', R' S', S' R' n D P, S' (M') R' M' P', (P') n', n' (M'), P' N' S" S" n' D' p' D', D' M' (D') P' D', M' G' R' G' S', P' M' G' R' g' R' S' n D P M G R g R S, S, S 'n 'D 'p 'D, 'D 'M ('D) 'P 'D, 'P 'M 'G 'R 'g 'R 'S, 'S, 'R 'S, 'R 'g 'R 'S, ('G) 'R 'G, ('R) 'G 'M, 'R 'G 'M, ('R) 'G 'M 'P, 'G 'M, 'R 'g 'R 'S, 'S, 'S S S' S" S' S 'S, S
7. 'M 'P 'D 'n S R G M P (R) G M R g R S, 'P 'D 'n S R G M P (R) G M R g R S, 'D 'n S R G M P (R) G M R g R S, 'n S R G M P (R) G M R g R S, S, S R g R (R) G M P N S', S', S' n D P M G R g R S, S' R' S' n D P M G R g R S, S' R' g' R' S' n D P M G R g R S, S' R' G' M' R' g' R' S' n D P M G R g R S, S' R' G' M' P' M' G' R' g' R' S n D P M G R g R S, S, S 'n 'D 'P 'D 'M 'R 'g 'R 'S, 'S, S, S', S
8. ('n) S, ('n) 'D 'n, R G R (M), (M) G M, G M, R g, R, (R) 'n S R g R S, S' n D P, M G M D P M G↘(M)R, R g R S
9. S R M P N S' R' G' M' P' M' G' R' g' R' S' n D P M G R g R S

~0~

29. KAAFI

Aaroh S R, g, M, P, D n S'
Avaroh S' n D, P, M g, R, S
Pakad S S, R R, g g, M M, P P
Vaadi P (Pancham)
Samvaadi S (Shadaj)
Vikrut g (Komal Gaandhaar)
n (Komal Nishaad).

[Some use Shuddh Gaandhaar and Shuddh Nishaad in its Aaroh. Instead of Shuddh Dhaivat, some use Komal Dhaivat in both Aaroh and Avroh.]

Jaati Sampoorna—Sampoorna
Thaat Kaafi
Samay Madhya Raatri.

[Some also sing in the evenings, due to popular demand of the audience.]

1. S, R R g, S, R P, M P, D P, M P D M P, g, R, R g, R M g R S, S R R, g, S, R P, g, S
2. 'n 'd 'n S, S R R g, g M P, M P, d P, d n d P, g M P d n d P, g M P d n S' n d P, n d P, M P d M P, P, M g, R, S
3. S, R S, 'n 'D 'n S, 'D 'n S, 'M 'D 'n S, 'D 'n S, g, R, M, g, R, P, M P, g, R, S' R' S' n D P M P S' n D P M P g R, R g R M g R S, S R R g, g g, P P, M P g R, S
4. 'n S, M g R S, 'n S, 'D 'n S, R g R, M g R, P M g R, D P M P g R, n D M P D M P g R, R g R M g R S, 'n S r g S, R g g, S
5. 'n S g, R, M, g, R, P, M P g, R, D P M P g R, n D P M P D M P g, R, S' n D P M P D M P g, R, R g R M g R S, R g, S

6. S, R P, M P, D P, D n D P, S' n D P, R' R' S' n D P, S' n D P, M P D M P, g, R, n n D P M P D M P, g, R, P, g, R, R g R M g R S, S, R g, S, S P P, S

7. S, g M P, g M P D n D P, g M P D n S' n D P, g M P D n S' R' S' n D P, g M P D n S' R' g' R' S' n D P, S', n D P, M P D M P, g, M, g, R, R g R M g R S, S R R, g, S

8. S R R g, S, R P, M, P D n S', n D P M g g R R, R n D n P D M P, M g M P, M, S 'n, S g R M g R S, S R R g, S

9. S' n D P, n D P M, D P M g, M g R S, S g R g, S, R P, g g, S

10. g' g' R' S', R' R' S' n, S' S' n D, n n D P, D D P M, P P M g, M M g R, M g R S, S R g M P D n S' R' n D P M g, R S, S R R g, S, P P, M M, g g, R R, S S

11. M, P D, n n S', n n S' R' S' n D, S' R' S' n D, M P, n D M P, g, R, R g R M g R S, S S R R g g M M P P M M g g R R S S, S

12. S R, g, M, P, D n S', S' n D, P, M g, R, S, S R g M P D n S' n D P M g R S, S R P M P D P D n D P, P P M M g g R R S S, S S, R R, g g, M M, P P, P, D n S', D n S' R' g' R' S', S' R' g' M' P' D' n' S'' n' D' P' M' g' R' S', S' R' P' M' P' D' P' D' n' D' P', P' P' M' M' g' g' R' R' S' S', S' R' S' n D P M P D n S' n D P M P g R S, 'n S, 'D 'n S, 'n 'D 'n S, 'M 'D 'n S, S 'n 'D 'P, 'M 'P 'D 'M 'P 'M 'g 'R 'S, 'S, 'S 'S, 'R 'R, 'g 'g, 'M 'M, 'P 'P, 'P, 'D 'n S, S 'n 'D, 'P, 'M 'g, 'R, 'S, 'S S S' S'' S' S 'S, 'S 'R, 'g, 'M, 'P, 'D 'n S, S R, g, M, P, D n S', S' n D, P, M g, R, S

~0~

30. KAALINGADAA

Aaroh	S r~ G M, P d~ N S'
Avroh	S' N d~ P, M G r~ S
Pakad	d~ P, G M G, 'N, S r~ G, M
Vaadi	d (Komal Dhaivat)
Samvaadi	G (Gaandhaar)

[Some use Pancham as Vaadi and Shadaj as Samvaadi.]

Vikrut	d (Komal Dhaivat)
	r (Komal Rishabh)
Aandolit	d~ (Komal Dhaivat)
	r~ (Komal Rishabh)

[The Aandolan of d~ and r~ is brief, unlike Bhairav where it is more.]

Jaati	Sampoorna—Sampoorna
Thaat	Bhairav
Samay	Raatri Ka Antim Prahar

1. 'N, S r~ G, M, d~ P, G M P d~ M P d~ P, G, M, d~ P G, M, N N d~ P M P d~ P G, M, P, G. M, G, r~ S, 'N, S r~ G, M G r~ S

2. S r~ S, S r~ G r~ S, S r~ G M G r~ S, S r~ G M P G M G r~ S, S r~ G M P d~ P M G M P G M G r~ S, S r~ G M P d~ N d~ P M G M P G M G r~ S, S r~ G r~ S, S r~ S

3. 'N S M G r~ S, 'N S G M P G M G r~ S, 'N S G M P d~ P M G M P G M G r~ S, 'N S G M P d~ N N d~ P G M P G M G r~ S, 'N S G M P d~ N S' r'~ r'~ S' N d~ P G M P G M G r~ S, 'N S G M P d~ N S' r'~ S' r'~ S' G' M' P' d'~ P' G' M' P' G' M' G' r'~ S', S' N d~ P G M P G M G r~ S, S 'N 'd~ 'P, 'M 'G 'r~ 'S, 'S, S, S', S

4. 'N S G, M, G M P G, M, G M P d~ M P d~ P G, M, G M P d~ N N d~ P M P d~ P G, M, G M P d~ N S', N d~ P M P d~ P G, M, G M P d~ N S' r'~ r'~ S' N d~ P M P d~ P G, M, G M P d~ N S' G' G' r'~ r'~ S', N S' r'~ S' N d~ N S' r'~ S' N d~ P, M, P, G M G, M G r~ S, S 'N 'd~ 'P, 'M 'G 'r~ 'S, 'S S S' S

5. S', N S', d~ N S', P d~ N S', G M P d~ N S', r'~ S', G' r'~ S', G' M' P' G' M' G' r'~ S', S', N d~, P, P d~ N S' r'~ r'~ S' N d~, P, S' N d~, P, N d~, P, d~, P, G M G, P, G M G, G M G r~ S, 'N, S r~ G, M G r~ S, S 'N 'd~ 'P, 'M 'G 'r~ 'S, 'S 'r~ 'G 'M, 'P 'd~ 'N S, S

6. P d~, P d~ N S', S', d~ N S' r'~ S' N d~ P, P d~ N S', S' G' M' G' r'~ G' r'~ S', d~ N S' r'~ S' N d~ P, P d~ N S', S' r'~ S' N d~ P N d~ P d~ P M G, r~ S, 'N, S r~ G, M, M G r~ S

7. 'N S, S, 'N S G M P G M P d~ P N d~ P S', S' N d~ P r'~ S', G' M' G' r'~ S' r'~ S' N d~ P, G M P d~, N N d~ P M P d~ P G M G P G M G r~ S 'N S r~ G, G M P G M G r~ S

8. S' N d~ P, N d~ P M, d~ P M G, P M G r~, M G r~ S, 'N S G M P d~ N S' N d~ P M G r~ S, S 'N 'd~ 'P, 'N 'd~ 'P 'M, 'd~ 'P 'M 'G, 'P 'M 'G 'r~, 'M 'G 'r~ 'S, 'S 'r~ 'G 'M, 'P 'd~ 'N S, 'N S r~ G M, P d~ N S', N S' r'~ r'~ S', N S' G' G' r'~ r'~ S', N S' r'~ S' N d~ N S' r'~ S', (N) d~ P, P M P d~ P G M G M P d~ N S' G' G' r'~ r'~ S', S' r'~ G', S' r'~ G' M' P', P' G' M' P' G' M' G' r'~ S' N S' G' M' P', P' G' M' P' G' M' G' r'~ S', S' N d~ P G M P G M G r~ S, S

~0~

31. KAAMOD

Aaroh S R, P, Ḿ P, D P, N D S'
Avroh S', N D, P, Ḿ P D P, ↭G M P, ↭G M R S
Pakad R, P, Ḿ P, D P, ↭G M P, ↭G M R S
Vaadi P (Pancham)
Samvaadi R (Rishabh)
Vikrut Ḿ (Teevra Madhyam)
Both M (Komal Madhyam) and Ḿ (Teevra Madhyam) are used.
Vakra ↭G (Gaandhaar)
[Some use both Gaandhaar and Nishaad as Vakra Swars.]
Jaati Sampoorna—Sampoorna
Thaat Kalyaan
Samay Raatri Ka Pratham Prahar

1. S R, P, Ḿ P, D P, N D S', S', N D, P, Ḿ P D P, ↭G M P, ↭G M R S, R, P, Ḿ P, D P, ↭G M P, ↭G M R S
2. S, (M) R P, (Ḿ) P D, P, (P) ↭G M P, (P) ↭G M, (S) R S, (M) R P, P, (Ḿ) P D P, (P) ↭G M P, ↭G M R S, (S) R S, S
3. Ḿ P D, Ḿ P, ↭G M R S, R P, P D P, Ḿ P D, P, Ḿ P D P, ↭G M P, ↭G M R S
4. S M R P, P, D P, N D P, S' N D P, (P) ↭G M P, (P) ↭G M R S, (S) M R P, S (M) R P, (Ḿ) ↭G M D P, (P) ↭G M D P, Ḿ P S' R' S' D P, ↭G' M' R' S' D P, ↭G' M' P' G' M' R' S' D P, S' N D P Ḿ P D P, ↭G M P, P R R P, R, P, Ḿ P, D P, ↭G M P, ↭G M R S
5. S, 'N 'D, 'P, 'Ḿ 'P 'D 'P, 'N 'D S, S, P S, R S, (S) M R S, (P) ↭G M R S, (P) ↭G M P (P) ↭G M R S, (M) R P, (S) R S

6. S R S M R P Ḿ D P S', S' D S' P D P S', ↬G M P Ḿ P D P N D S', R P D P N D S', S' R' S' N D P, P, Ḿ P D P, ↬G M P, ↬G M R S

7. S R, P, P P S', S' S' R' S', S' S' R' R' S', M' R' S', ↬G' M' P' ↬G' M' R' S', R' R' S', S' R' P', (Ḿ') P' D' P', D' P', D' P' R' P' D' P', P' D' P' ↬G' M' P', ↬G' M' P' ↬G' M' R' S', S', M' R' P' Ḿ' D' P', R' M' P' Ḿ' P' D' P', P' ↬G' M' P', (P') ↬G' M', (P') ↬G' M' P', ↬G' M' R' S', S', S' R' S' N D P, S' D P Ḿ P D Ḿ P, Ḿ P D P, P D P ↬G M P, ↬G M P ↬G M R S, (S) R S, S

8. S' S' D P ↬G M R S, S' R' S' S' D P ↬G M R S, ↬G' M' R' S' S' D P ↬G M R S, ↬G' Ḿ' P' ↬G' M' R' S' S' D P ↬G M P ↬G M R S, S R S M R P Ḿ D P S', S' S' D P Ḿ P D Ḿ P, D (P) ↬G M P ↬G M R S, (S) R S, S R S, R R S, ↬G M R S, P (Ḿ) P D (Ḿ) P ↬G M P ↬G M R S, S R P Ḿ P D P N D S', S' N D P Ḿ P D P ↬G M P ↬G M R S, S R S, S

9. '↬G 'M 'P '↬G 'M 'R 'S, 'S, S, ↬G M P ↬G M R S, S, S', ↬G' M' P' ↬G' M' R' S', S', S' R' S' N D P, (Ḿ) P D Ḿ P, (P) ↬G M P, (P) ↬G M, (S) R S, '↬G 'M 'P '↬G 'M 'R 'S, ↬G M P ↬G M R S, ↬G' M' P' ↬G' M' R' S', S', S, 'S, S, (S) R S, S

10. R M R P, P, R P, D P, (P) ↬G M P, M ↬G, (↬G) M↘S, R S N S, Ḿ P, D P, Ḿ P D P N D S', S' R', R' S', S' R' S', ↬G' M' R' S', N D, P, Ḿ P D P, ↬G M P, ↬G M R S, S R P Ḿ P D P N D S', S' R' P' Ḿ' P' D' P' N' D' S'', S'' S' S, S

~0~

32. KEDAAR

Aroh — S M, M P, D P, N D, S'

Avroh — S', N D, P, ḾP D P, M, ↬G M R S

Pakad — S, M, M P, D P M, P M, R S

Vaadi — M (Shuddh / Komal Madhyam)

Samvaadi — S (Shadaj)

Vikrut — Ḿ (Teevra Madhyam)

Madhyam — Ḿ (Teevra) and M (Shuddh / Komal)

Vakra — ↬G (Gaandhaar) in Avroh

Varjit — R (Rishabh) and G (Gaandhaar) in Aaroh

Jaati — Auduv—Shaadav

[In Avroh, Gaandhaar is used as a Vakra Swar but it is very weak. Gaandhaar needs careful usage. If G M P G M R S is used explicitly, then Raag Kaamod is glimpsed. If M G R S is used explicitly, then the shadow of Raag Bilaawal is seen. Thus, in Kedaar, Gaandhaar remains hidden by Shuddh Madhyam. For this reason, although all seven swars are used in Avroh, the Jaati is not Sampoorna but it is Shaadav.]

Thaat — Kalyaan

Samay — Raatri Ka Pratham Prahar

[Kedaar is popular in variations as Shuddh Kedaar, Chaandni Kedaar, Jaldhar Kedaar, and Maluhaa Kedaar.]

1. S, M, M P, M P M, D P M, P M, ḾP D P M, S M P D P M, PM, M, R, S, S R S, S
2. S, R S, 'N 'D, 'P, S, R S, M, S M P D, N D, P M, M P M, ḾP D, ḾP D P M, S M P D M, P M, R S, S, S R S
3. 'P 'P S, 'D S, R S, 'M 'M 'P 'P S, 'M 'P S, 'P S, R S, M M R S, S M P D P M R S, S', D P, Ḿ P D P M M R S, S R S, S

4. M M R S, M M P P M M R S, D D P P M M D P M M R S, S' N D P Ḿ P D P M M R S, S' R' S' N D P Ḿ P D P M M R S, S M P M D P N S' D P Ḿ M ↬G R R S, S R S, S

5. S S M Ḿ R S, M M P P D P M Ḿ R S, M M P P S' S' D P M Ḿ R S, M M P P S' S' R' R' S' S' D P M Ḿ R S, M M P P S' S' M' M' R' R' S' S' D P M Ḿ R S, S R S R S, S

6. Ḿ P D P M M R S, Ḿ P N D S' N D P Ḿ P D P M M R S, Ḿ P N D S' R' S' N D P Ḿ P D P M M R S, Ḿ P D N D P Ḿ P D P M, M' M' R' S' R' R' S' N D P Ḿ P S' N D P Ḿ P D P M, D P M, P M R S, S

7. S R S, M M R S, P P M M R S, D D P P M M R S, S' S' D P M M R S, R' R' S' S' D P M M R S, M' M' R' S' N D P P M M R S, S S M M P P D P S', M' M' P' P' M' M' R' S' N D P P M M R S, Ḿ P D P, M, ↬G M R S, M, M P, D P M, P M, R S

8. Ḿ P D P M, P P S', D S', R' S', M' M' R' S', P' R' S', D P M M R S, S M, P Ḿ D P S', R' S; M', P', M' M' R' S', N D P P M M R S, S, M, M P, D P M, P M, R S

9. S', D S', P P S', M M P P S', R' R' S', M' M' R' R' S', P' P' M' M' R' R' S', R' R' S', R' S', S', N D, P, P' ↬G' M' R' S', R' S', S' N D, P, Ḿ P, D P M, S S M P Ḿ D P S', N D, P, Ḿ P N D P Ḿ P D P M, S M, P, D P M, P M, R, S, S R S

10. S Ḿ P, Ḿ P D N D P Ḿ P D P M, M' M' R' S' R' R' S', P' ↬G' M' R' S', R' S', S' N D P Ḿ M P S' N D P Ḿ M P D P M, S R S

~0~

33. KHAMAAJ

Aaroh S, G M, P, D n S'
Avroh S' n D P, M G, R S
Pakad n D, M P, D, M G
Vaadi G (Gaandhaar)
Samvaadi n (Komal Nishaad)
Vikrut n (Komal Nishaad)
[Some use both Shuddh and Komal Nishaad.]
Varjit R (Rishabh) in Aaroh
Jaati Shaadav—Sampoorna
Thaat Khamaaj
Samay Raatri Ka Doosra Prahar

1. 'n, S, G, M G, P, M G, n D, M P D, M G, P, M G R S, 'n S G M P G, M, D P, S', n, D, M P D, M G, P, M G R S
2. S G M P D G, M, D, P, S' n, D, S' R' S', n, D, M P D, M G, P, M G R S
3. G G S G M P G M, n D, M P D, M G, D n S', S' n D P M G R S
4. S 'n 'D 'P, 'M 'G, 'R 'S, 'S, 'S, 'G 'M, 'P, 'D 'N S, 'n 'D, 'M 'P, 'D, 'M 'G, 'P, 'M 'G 'R 'S, 'S, 'S 'G 'M 'P 'D 'N S, S, S G M P D N S', S', S' G' M' P' D' N' S'', S'', n' D', M' P', D', M' G', P', M' G' R' S', S' n D P M G R S, 'n 'D, 'M 'P, 'D, 'M 'G, 'P, 'M 'G 'R 'S, 'S 'G 'M 'P 'D 'N S, S G M P D N S', S' G' M' P' D' N' S'', S'' S' S 'S, 'S, 'G 'M, 'P, 'D 'N S, S
5. 'n S, G, M, P, M, D, P, S' n, D, M P D, M G, P, G M G R S, n S G M P, G M P, D P, n D P, S' n D P, S' R' S' n D P, S' n, D, M P D, M G, P, M G R S

6. ‘n S G, M G R S, G M P G M G R S, ‘n S G M P D n S’, S’ n D P M G R S
7. ‘n S G, M G R S, G M D P M G R S, ‘n S G M P n S’ R’, S’ n D P M G R S
8. ‘N S G M G R S, ‘N S G M P M G R S, ‘N S G M P D P M G R S, ‘N S G M P D n D P M G R S, ‘N S G M P D n S’ n D P M G R S
9. ‘n S G, M, ‘n S G M P G, M, ‘n S G M P D P M G, M, ‘n S G M P D n D P M, G, M, ‘n S G M P D n S’ n D P M G, M, ‘n S G M P D n S’ R’ S’ n D P M, G, M, M G R S
10. G M D, M D, n D, S’, n D, S’ R’ S’, n D, M D N S’, n D, S’, n D, G’ M’ G’ R’ S’, R’ S’, n D, S’, n D, M P D, M G, P, M G R S
11. G M D n S’, n S’, n n S’ R’, S’, n D, G’ M’ G’ R’ S’, n S’, P n S’ R’ S’, n D, S’, n D, M P D, M G, P, M G, R S
12. G M D M D n D S’, G M D M n D S’ R’ S’, G M D M n D S’ R’ S’ G’ M’, G M D M n D S’ R’ S’ G’ M’ G’ R’ S’, G M D M n D S’ R’ S’ G’ M’ G’ R’ S’ n D P, G M D M n D S’ R’ S’ G’ M’ G’ R’ S’ n D P M G R S, S
13. S, G M, P, D n S’, n D, M P, D, M G, G M, P, D n S’, S’ n D P, M G, R S, S S’ S

~0~

34. LALIT

Aaroh 'N r G M, Ḿ M G, Ḿ D, S'
Avroh r' N D, Ḿ D Ḿ M G, M r, S
Pakad 'N r G M, D Ḿ D Ḿ M, G
Vaadi M (Shuddh/Komal Madhyam)
Samvaadi S (Shadaj)
Madhyam Both Teevra and Komal Madhyam (Ḿ, M)
Vikrut r (Komal Rishabh)
Ḿ (Teevra Madhyam)

[Some use Komal Dhaivat instead of Shuddha Dhaivat in both Aaroh and Avroh.]

Varjit P (Pancham)
Jaati Shaadav—Shaadav
Thaat Maarwaa
Samay Raatri Kaa Antim Prahar

[Some perform it during Praatah Kaal.]

1. (S) 'N r G M, Ḿ M G, (Ḿ) D Ḿ D Ḿ M, M G M r S
2. (S) 'N r G r S, 'N r G M, Ḿ M G D Ḿ D S', (S') r' N D N D Ḿ D Ḿ M G, G Ḿ D S', (S') N r' S' G' r' S', N r' N D Ḿ D N D, (D) Ḿ D Ḿ M G N D Ḿ G, N D Ḿ M G r S, (S) 'N S G Ḿ D r' N D, N D Ḿ D M G, (G) M r, S
3. (S) 'N r G r S, S (M) G M, G M Ḿ, (G) M G, D Ḿ D S', (S') r' N D Ḿ D, (D) Ḿ↘(M)G, (G) M r S
4. G (D) Ḿ D S', (N) S' r' S', (S') N r' G' r' S', (S') N r' S', (S') r' N D, (D) Ḿ D, Ḿ↘(M)G, M r, S
5. (D) Ḿ D S', S' r' S', (S') N r' G' r' S' (N) S', (S') r' N D, Ḿ D, Ḿ↘M G, Ḿ G r S

6. M, Ḿ, G M, Ḿ G, r G, r S, 'N r G, M, Ḿ M, G, Ḿ D, Ḿ M, M r, S

7. 'N r G Ḿ D N r' N D Ḿ D Ḿ M G Ḿ G r S, 'N r S, G r S, 'N r G r S, 'N r G M Ḿ G, G M Ḿ G Ḿ G r S, 'N r G Ḿ D N D Ḿ, (Ḿ) G Ḿ D N r' N D Ḿ D Ḿ M G Ḿ G r S, (S) 'N r G M, Ḿ↘(M)G, M r, S

8. 'N r G M, M↗S', S', r', S', G' r' S', N r' S, N r' G' R' S', N r' G' Ḿ' D' S'', S'', (S'') N' D', Ḿ' D', Ḿ' D' S'', S''↘S', S'↘M, M Ḿ, Ḿ M G, M r, S, 'N r G M, M↗S', S' S'' S' S, S

9. 'N r G Ḿ D N r' G' Ḿ' G' r' S' N D Ḿ D Ḿ G r S, 'N r G Ḿ D S', N r' G' r' G' M' G' M' D' Ḿ' D' S'', (S'') N' D', Ḿ' D' Ḿ' M' G' Ḿ' G' r' S', (S') r' N D, Ḿ D Ḿ M G, M r, S, S↗S'↗S''↘S'↘S, S

10. G r G Ḿ G r S, 'N r G M Ḿ M G, (D) Ḿ D Ḿ M G Ḿ D N S', (S') N D Ḿ, D Ḿ D Ḿ M, G Ḿ D S', S' N r' G' r' S', N (r') N D, (D) Ḿ D Ḿ M, G, M r, S

11. (D) Ḿ D S', S', (S') N r' G' r' S', (S') N r' N D Ḿ D, (D) Ḿ↗(D)S', S', S' r' S' N r' G' r' S', (S') r' N D, D Ḿ D Ḿ M, G M r S

12. (G) Ḿ Ḿ M G, M G, (r) 'N r G, M, D Ḿ, D↘(Ḿ)M, (D) M D, D↘(Ḿ M)G, (M) G (D) Ḿ D S', S' N S' r' S' N D Ḿ D S', (S') N r' N D, D↘Ḿ, Ḿ D S', S'↘Ḿ, D↘Ḿ, (G) M G, M r S

13. M G M r S 'N r G M, Ḿ M, (M) G Ḿ D, (D) Ḿ D N r' N, (D) Ḿ D↘(Ḿ)M, (M) G Ḿ D S' r' N D, D↘(N)Ḿ, D↘(Ḿ M)G, M r, S

~0~

35. MAALGUNJ / MAALGUNJI

Aaroh 'N S 'D 'n S G M, D N S'
Avroh S' n D, P, M G, M g, R S
Pakad G M g R S, 'N S 'D 'n S G M
Vaadi M (Madhyam)
Samvaadi S (Shadaj)
Gaandhaar Both Teevra and Komal Gaandhaar (G, g)
Nishaad Both Teevra and Komal Nishaad (N, n)

[How G, g, N, n are used, varies from Gharaanaa to Gharaanaa. Some use G, N in Aaroh, and g, n in Avroh; while some use G, g, N, n, in Aaroh and Avroh.]

Vikrut g (Komal Gaandhaar)
n (Komal Nishaad)
Varjit R (Rishabh) in Aaroh

[Some consider Pancham as Varjit in Aaroh.]

Jaati Shaadav—Sampoorna
Thaat Kaafi
Samay Raatri Ka Doosra Prahar

[Some consider Raag Maalgunj as a mixture of Raag Raageshree and Raag Baageshree.]

1. S, 'n 'D, 'P 'M 'G, 'G 'M 'D 'n S, S, S 'n, 'D 'n, S, M↘g, R S, M G, M (n) D n S', R' S', n D S', (P) D P M, (P) M G, M↘g, R S, S 'n 'D, ('D) 'n 'D ('n) S, 'n 'D 'n S, 'D 'n S, S
2. S, g R S, M g R S, M D n D M g R S, n D M G M P M g R S, S' n D P M g R G M D M g R S, R' S' n D M G M g R S, g' R' S' n D P M G M g R S, P' M' g' R' S' n D M G M g R S, M g R S, g R S, S
3. S', R' S', g' R' S', G' M' g' R' S', G' M' D' N' S" n' D' P' M' G' M' g' R' S', S' S" S', S' D n D, P M, G M g R S, S S' S" S' S, S

4. M D N S' D n S' R' S', (n) D n S' R' G' M' g' R' S', N S' R' S' n D M D N S', D N D P M G R G M g R S, 'n 'D 'n S R G M g R S, M D N S' D n S' R' S', S'↘S, S

5. S 'n 'D 'P 'M 'G 'M 'g 'R 'S, 'S, 'S↗ 'M, ('M) 'G 'M 'g 'R 'S, 'S↗S, 'N S 'D 'n S G M D N S', S'↘M, (M) G M g R S, S↗S', S', S'↗M', (M') P' M' g' R' S' n D M G M D n D P M G M g R S 'N S, S

6. S M g R S 'n ' D 'n S 'D 'n S R G M D n D M R G M D n S' n D S' R' S', S' R' G' M' P' M' g' R' S' D n S' R' S', n D P M g R G M D M g R S

7. g R (M) g R S, 'D 'N S R (M) G, R G M D n D P M g G M D N S', R' S' n D, D N S' R' G' M' g' R' S', R' S' R' G' M' P' M' g' R' S', n D N S' D N S', n D P M g R G M, g R (M) g R S

8. S, 'D 'n S, 'n, 'D, 'n S R G M, S 'D 'n S R G M, M D n S', S' R' n S', R' S' n D P (D) n D P M G R G M, M g R S, 'D 'n S, S

9. 'D 'N S, S↗M, M G M R G M D M S', D N S' R' G' M' G' M' D' M' S'', S'' n' D' P' M' g' R' G' M' G' M' D' M' g' R' S', S'↘S, S, 'D 'N S

10. S G M G M g R S, 'D 'n S R G M n D P M G M D n S', S' n D P M G R G M G M D M g R S, S G M G M g R S

11. 'N S 'D 'n S G M D N S' n D P M G M g R S 'N S 'D 'n S G M

12. 'S, 'M, S, M, S', M', S'', M', S', M, S, 'M, 'S, 'S↗ 'M, 'M↗S, S↗M, M↗S', S'↗M', M'↗S'', S''↘M', M'↘S', S'↘M, M↘S, S↘'M, 'M↘'S, 'S S S' S'' S' S 'S, 'S↗S', S'↘S, S

~0~

36. MAALKAUNS

Aaroh ‘n S, g M, d, n S’
Avroh S’ n d, M, g M g S
Pakad M g, M d n d, M, g, S
Vaadi M (Komal Madhyam)
Samvaadi S (Shadaj)
Vikrut g (Komal Gaandhaar)
d (Komal Dhaivat)
n (Komal Nishaad)
Varjit R (Rishabh) and P (Pancham) in both Aaroh and Avroh
Jaati Auduv—Auduv
Thaat Bhairavi
[Some consider Raag Maalkauns as belonging to the Aasaavaree Thaat.]
Samay Raatri Ka Teesra Prahar

1. S, ‘n S, M, M g, M d, n d, g M g, M g, g M g S, S, ‘n S, ‘d ‘n S, ‘M ‘d ‘n S, M g d M g, n d M g, g M g S, S, ‘n S, g S, M g S, d M g S, n d M g S, S’ n d M g S
2. S, ‘n S, M g, M d n d Mg, M d n S’ n d M g, g M g S, ‘n S g M d n S’, S’ n d M g M g S, M g, M d n d, M, g, S
3. S, ‘n S, ‘d ‘n S, S ‘n ‘d ‘M, ‘M ‘g, ‘g ‘M ‘g ‘S, ‘S, ‘g ‘M ‘d, ‘n S, S, g S, M g, g M g S, d M g n d M g, n d M g S’, S’, S’ g’ S’, S’ g’ g’ S’, g’ S’, M’ g’ S’, M’ M’ g’ M’ g’ S’, g’ S’, n S’, n d M g, M g, M d n d, M, g, S
4. S M g M, d M g M, n n d M g M, S’ n d M g M, S’, g’ M’ g’ S’, n d M g M, n n d M g M, d M g M g M g S

5. ‘n S, ‘d ‘n S, ‘M ‘d ‘n S, ‘g ‘M ‘d ‘n S, M, M g, d M g, n d M g, S’ n d M g, S’ n d M d n d M g, g M, d, n S’, g’ M’, M’ g’ S’, g’ M’ g’ S’, n d M d n d M g, d M g, M g S
6. S’, n S’, d n S’, M d n S’, g M d n S’, S g M d n S’, g’ S’, M’ g’ S’, M’ M’ g’ M’ g’ S, M’ g’ S’, g’ S’, M d S’, n d, n n d, M M d, M d n d, M g, d M g M g, M g, S
7. g M d n S’, S’, S’ g’ S’, g’ M’ g’ S’, n S’, g’ S’, M’, g’, M’ g’ S’, g’ g’ S’, n S’, n d, M d n S’ n d, M, M g, g M g S
8. S’ S’ n d M g S, g’ g’ S’ n d M g M g S, g’ M’ g’ S’ n d M d n S’ n d M g M g S, ‘n S, S ‘n ‘d, ‘M, ‘M, ‘M ‘M ‘g ‘M, ‘g ‘M ‘g ‘S, ‘S, ‘g ‘M, ‘d, ‘n S, g M, d, n S’, g M d n S’ n d M d n S’, S’ n d M g M g S, M g, M d n d, M, g, S
9. S S g M d n S’, g’ M’ M’ g’ S’, n d n n d M g M g S, S S g M d n S’ g’ M’ M’ g’ S’ n d n n d M g M g S
10. S S, g’ M’ g’ S’ n d M g M g S, S S g g, g’ M’ g’ S’ n d M g M g S, S S g g M M, g’ M’ g’ S’ n d M g M g S, S S g g M M d d, g’ M’ g’ S’ n d M g M g S, S S g g M M d d n n, g’ M’ g’ S’ n d M g M g S, S S g g M M d d n n S’ S’, g’ M’ g’ S’ n d M g M g S, S S g g M M d d n n S’ S’ g’ g’, g’ M’ g’ S’ n d M g M g S, S S g g M M d d n n S’ S’ g’ g’ M’ M’, g’ M’ g’ S’ n d M g M g S, S S g g M M d d n n S’ S’ g’ g’ M’ M’ g’ M’ g’ S’ n d M g M g S
11. S g M d n S’, S’ n S’ d n S’ M d n S’ g M d n S’, g’ S’ M’ g’ S’ M’ M’ g’ M’ g’ S’ M’ g’ S’ g’ S’, S’ n d M d n d M g M g S, S ‘n ‘d ‘M ‘g ‘M ‘g ‘S, ‘S ‘g ‘M ‘d ‘n S g M d n S’ g’ M’ g’ S’, S’ n d, M, g, S

~0~

37. MAALSHRI

Aaroh S, G P, M G, P, N, S'
Avroh S', N P, Ḿ G, P, G S
Pakad P↘(G)S, S S G G P, P, P↘G↘S
Vaadi P (Pancham)
Samvaadi S (Shadaj)
Madhyam Both Teevra and Komal Madhyam (Ḿ, M)
[Some use only Teevra Madhyam.]
Vikrut Ḿ (Teevra Madhyam)
Varjit R (Rishabh) and D (Dhaivat) in both Aaroh and Avroh
Jaati Auduv—Auduv
Thaat Kalyaan
Samay Sandhya Kaal
[Some consider Raag Maalshree with only three swars (S, G, P). Some consider it with only four swars (S, G, M, P). Some consider it with only five swars (S, G, M, P, N).]

1. P↗S', G'↘S', S'↗P', P' G' S', P' G' P' S', P' P' S', G' P' G' S', S' S' G' G' P', P', P'↘(G') S', S'↘P↘S, S↘'P, 'P, 'P P P', P'↘S', (S') G'↘S', S'↘P, (P) G P, G P G S, S
2. S, P, P↘(G)S, P, P↘S, S S G G P, P Ḿ G, P↘G↘S, S 'P, S 'P S, G P G, M G, S, S G P M G, P G, S, P G S, G P S', S' G' S', P' M' G' S', S'↘P, P↘G, (G) P, (P) G P, G↘S, S
3. S', N N P Ḿ G, G P, P S', S', S' N↘(P)G, S G P S', N P G↘(P)G, G S, S, 'N 'N 'P 'Ḿ 'G, 'G 'P, 'P S, S
4. P, S', S' G', Ḿ' G', G' S', S', S' N P, P G P, G P G, G S, S, G P, P↘G, G↘S, P

5 P G S, P Ḿ G, P↘G, (G) P, G↘S, S, P, P↘G↘S, P G P, P↗S', S', (S') N↘(P)G, (G) P S', S' G', P'↘(G')S', S'↘P, P, P↘G P, G↘S, 'N S G P Ḿ G, P G S

6. ('N) S, S, (P) G↗P, (Ḿ) P, P↘(Ḿ)G, (G) P, P↘G↘S, S, G P S', (N) S', (Ḿ)G'↗P', (P') G', G'↘(Ḿ' G')S', (N) S', S', S'↘P, (G) P↘G, (G) P, (P) G↘S, S, ('N) S

7. S G P G S' P G P S, S G P Ḿ G P M G P G S, S P G S G P Ḿ G S G P S' N P G P G S

8. S', S' G' S', S' P' S', S' G' P' S', S' G' P' G' S', S' G' Ḿ' G' S', S' G' P' G' Ḿ' G' S', S' P' M' G' S', S' P' S', S' G' S', S'

9. S P Ḿ P N P Ḿ G P S' N P G S G P S' G' S' P' Ḿ' G' S' N P Ḿ G P S' N P G P G S

10. 'S S S' S" S' S 'S, 'S 'G 'P 'M 'G 'P 'N S G P M G P N S' G' P' M' G' P' N' S" N' P' Ḿ' G' P' G' S' N P Ḿ G P G S 'N 'P 'Ḿ 'G 'P 'G 'S, 'S S S' S" S' S 'S

11. P G S, P G S G P Ḿ G P G S 'P 'N S G P G Ḿ G S 'N S G P Ḿ G P G S, P G S

12. S, S G, Ḿ G, S G Ḿ G, P Ḿ G, P G S, 'P 'N S, G P Ḿ G P G S, G Ḿ P Ḿ G G S, 'N S G P Ḿ G, P Ḿ P N P, P Ḿ G P S', G' S', P' Ḿ' G' S', P' Ḿ' G' P' S', S' N P, G S, S

13. S↘'P, 'P↗S, S↗P, P↗S', S'↘P, P↘S, S↘'P, 'P↗P↗P'↘P, S

~0~

38. MAARVA

Aaroh	S r, G, Ḿ D, N D, S'
Avaroh	S' N D, Ḿ G r S
Pakad	D Ḿ G r, G Ḿ G, r, S
Vaadi	r (Komal Rishabh)
Samvaadi	D (Dhaivat)
Vikrut	r (Komal Rishabh)
Madhyam	Ḿ (Teevra Madhyam)
Varjit	P (Pancham) in Aaroh and Avroh
Jaati	Shaadav—Shadaav
Thaat	Maarva
Samay	Din Ka Antim Prahar

1. 'N r G, Ḿ G, D Ḿ G, r G Ḿ D N D, Ḿ G, r, D, Ḿ G, r, G, r S, 'N r, S, 'N r G, Ḿ D Ḿ G, N D, Ḿ G, N r' N D Ḿ D, Ḿ G, D, Ḿ G, Ḿ G, r, S, 'N, r S
2. 'N r S, 'N r G r S, 'N r G Ḿ G r S, 'N r G Ḿ D Ḿ G r S, 'N r G Ḿ D N D Ḿ G r S, 'N r G Ḿ D N S' N D Ḿ G r S
3. S, 'N r 'N 'D, 'Ḿ 'D S, r, G r, Ḿ G r, D Ḿ G r, N D Ḿ, G r, G Ḿ D, Ḿ G r, G r, S, 'N, r S
4. D Ḿ D Ḿ G r, G Ḿ G r S, 'N r S, 'N r 'N 'D, 'Ḿ 'D S, 'N r G Ḿ G r S, 'N r G Ḿ D N r' N D Ḿ G r S
5. 'N r G, r G, Ḿ G, D Ḿ G, N r' N D Ḿ G, N N D D Ḿ Ḿ G G, r' r' N N D D Ḿ Ḿ G G, r G Ḿ D N D Ḿ G, N D Ḿ G Ḿ G r S
6. Ḿ G, Ḿ D Ḿ, S', S', N r' S', G' r' S', Ḿ' G' r' S', N r' S', N r' N D, Ḿ D, N D Ḿ G, r G Ḿ D N D Ḿ G, D Ḿ G, Ḿ G, r S

7. S D, D, N D, Ḿ D, N D, Ḿ G r, G Ḿ D, N D, Ḿ G, r, G, r S

8. Ḿ G, Ḿ D, Ḿ, S', S', S' r' S', N r' G' Ḿ' G' r' S', Ḿ' G' r' S', r' S', r' N D, Ḿ D, N D Ḿ G, r, G Ḿ D Ḿ G, r, G, r, S, N r, S

9. S r, G, Ḿ D, N D, S', S' N D, Ḿ G r S, D Ḿ G r, G Ḿ G, r, S, S r G Ḿ D N D S' N D Ḿ G r S, S

10. D Ḿ G r, D Ḿ D Ḿ G r, G Ḿ G r S, 'N r S 'N r 'N 'D 'Ḿ 'D S, S r, G, Ḿ D, N D, S', N r' S', r', G' r' S', N r' G' Ḿ' G' r' S', S' r' S', N r' G' Ḿ' G' r' S' Ḿ' G' r' S', S' r' G' Ḿ' D' N' D' S'' N' D' Ḿ' G' r' S', S' r' S', N r' S', S' N D, D Ḿ G r, G Ḿ G, r, S, S 'N 'D, 'D 'Ḿ 'G 'r, 'G 'Ḿ 'G 'r 'S, 'S S S' S'' S' S 'S S, S

11. S r S, S r G r S, S r G Ḿ G r S, S r G Ḿ D Ḿ G r S, S r G Ḿ D N D Ḿ G r S, S r G Ḿ D N D S' N D Ḿ G r S, S S' S

12. 'N r G r S, 'N r S r S, S 'N r S, 'N r G r G Ḿ G r S, S r G Ḿ D, Ḿ D Ḿ G Ḿ D, Ḿ D N D S', S' N D, D Ḿ G r, G Ḿ G, Ḿ G r S, 'N r G r S, S r G r S, S r, r, r S, r, S

13. S, r, G, Ḿ, D, N, D, S', N, D, Ḿ, G, r, S, S S' S, S r, G, Ḿ D, N D, S', S' N D, Ḿ G r S, S

14. (S) 'N, 'N r (Ḿ) G Ḿ, (Ḿ) D Ḿ, Ḿ D S', (D) N D, (G) Ḿ G r, N D Ḿ G r, G r S, r, (G) Ḿ D (N D) S', S' r' S', S' N r' S' r' N D, (D) Ḿ D Ḿ G, Ḿ r G, G Ḿ D Ḿ G Ḿ, Ḿ r G Ḿ G r S, r, S

~0~

39. MIYANMALLAAR / MIYAN MALHAAR

Aaroh R M R S, M R, P, n D, N S'
Avroh S' n P, M P, g M, R S
Pakad R M R S, 'n 'P 'M 'P, 'n 'D, 'N S, P, g M R S

Vaadi S (Shadaj)
Samvaadi P (Pancham)

OR

Vaadi M (Komal Madhyam)
Samvaadi S (Shadaj)

Nishaad Both Nishaads (N, n)
Vikrut g (Komal Gaandhaar)
n (Komal Nishaad)
Varjit D (Dhaivat) in Avroh
Jaati Sampoorna—Shaadav
Thaat Kaafi
Samay Madh Ratri / Anytime in monsoon

[This Raag fuses Raag Kaandaa/Kaanhadaa, and Raag Mallaar/Malhaar. It is said this Raag was created by Miyan Tansen, the court singer of King Akbar.]

1. P n P, (P) n M P S', S' (N) S', D P, (M) g M, P, (M) g M R S, N S, S (N) D, (D) n↘P, M P, D N, S' R', S' N, S' N S'
2. S, 'N S, (S) M↘R S, ('D) 'n, 'P ('M) 'P, ('D) 'n 'D, 'N S, S, (S) R S 'N S, (S) P M P, (M) g M R S, (S) M P, (P) M, (M) P↘g, (M) g M, R S, 'N S, S 'n 'P, ('P) 'n 'D 'N S, 'N S, S
3. M P n D S' N S', (S') N S' n D N S', N S' R' S', S' n (D) n P, (P) M P (D) n D N S', (N) S'↗(M') R' S', (P) n P M P, (M) g M R S

4. (R) M↘R, (R) P, P (D) n D N S', S', (n) D (S') N S', R' N S', (D) n, P, P M P, n D (R) M R P, P n D S', N S', (M') g' M', R' S', (S') N S' n P, M P D N S' R' S' N S' n P g M R S, S

5. (R) M R P (D) n D N S', S' (n) D N S', (N) S' D↗n, (n) P M P (S') N S', S' (M') g' M' R' S', (S') M P, (P) n (D) n P, M R S

6. (N) S' (P) n P M P n D N S', n P M P (M) g (M)↘R S, S (M) R↗M R S. ('n) 'D 'n, 'P 'M 'P 'n 'D 'N S, (M) R P (M) g M R P, P, n D N S', R', N S', R' M' R' S', n P M P, n D, N↗S', S' S, S

7. S, S↘'P, 'P↗ 'n, 'D↗S, 'N↗R, 'N↗S, 'N↗(R 'N) S, S↗P, (P) M↗P, P↘M↗P, (P) g↗M, R↘S, g M↘R S, R↗M↘R↘S, M↘R↗P, n↘D, N↗S', n↘D↗S', S'↘S, S↘'S, 'S↗S, S

8. S, 'N S, 'N S R M P n D S' N S', (S') R' M' R' S', S' n D n M P (M) g M R S 'N S, 'N S R M P n D S' N S' R' M' R' S' n D n M P (M) g M R S 'N S, 'N S, S

9. R M R S M R P n D N S', S' n P M P g M R S, R M R S M R P n D N S' n P M P g M R S, R M R S 'n 'P 'M 'P 'n 'D 'N S P g M R S, S 'n 'P, 'M 'P, 'g 'M, 'R 'S, 'S, 'R 'M 'R 'S, 'M 'R, 'P, 'n 'D, 'N S, S↘'S↗S, S

10. S M R P M n D N S', S' n P M P g M R S, S M R P M n D N S' n P M P g M R S, 'n 'D 'N S, (D) 'N↗S, (S) R M↘R S, S R S, S↗M, R↗P, (P)↘(M)g, (M) g M, P↘(M g)M, M↘R S, R S, 'N↗S, 'n 'D 'N S, 'n ('D) 'N S, S

~0~

40. MULTAANI

Aaroh N S, g Ḿ P, N S'
Avroh S' N d P, Ḿ g, r S
Pakad 'N S, Ḿ g, P g, r S
Vaadi P (Pancham)
Samvaadi S (Shadaj)
Vikrut r (Komal Rishabh)
g (Komal Gaandhaar)
Ḿ (Teevra Madhyam)
d (Komal Dhaivat)

[Traditionally, in Raag Multaani, Gaandhaar is Shuddh. Nowadays, Komal Gaandhaar is used.]

Varjit R (Rishabh) and D (Dhaivat) in Aaroh
Jaati Auduv—Sampoorna
Thaat Todi
Samay Din Ka Chautha Prahar

1. N S, g Ḿ P, N S', S' N d P, Ḿ g, r S, 'N S, Ḿ g, P g, r S
2. P Ḿ g Ḿ, P N S' N S' g' r', S' N d P, Ḿ P N d P d P Ḿ, g Ḿ P Ḿ g r S, 'N S Ḿ g P d P Ḿ g Ḿ g r S
3. 'N S Ḿ g, P Ḿ d P, Ḿ P N d P, P d P Ḿ g Ḿ P N S' N d P, P d P, P D P Ḿ g P, Ḿ g Ḿ, g r S
4. P Ḿ P S, S Ḿ g P d P (Ḿ) g Ḿ P N S', r' S', g', r' S', N S' Ḿ' g' r' S', N S' g' Ḿ' P', g' Ḿ' P' N', S'', N' S'', S'' N' d' P', P', P' N' d' P', P'↘(Ḿ')g', g' Ḿ' P' N' d' P', P' Ḿ' g' r' S', S', N d P g Ḿ P N d P, g Ḿ P, (Ḿ) g, Ḿ g, r S, S, S S' S'' S' S
5. S P d P N d P, N S' r' S' g' r' S' N d P, (Ḿ) g Ḿ P N S' r' S' N d P, P d P N d P, N d P, Ḿ g, P (Ḿ) g, r S, 'N S, Ḿ g, P g, r S

6. (Ḿ) P g, P, (Ḿ) g r S, (g) r S 'N S Ḿ g P, Ḿ P, d P, (g) Ḿ g Ḿ P, P N, d P, P, (Ḿ) g Ḿ P d, P↘g, r S, N S r S, S
7. P Ḿ g Ḿ P N S' r' S' N S', S' Ḿ' g' r' S' N S' r' N d P, P Ḿ P N P Ḿ g Ḿ P, P, P g Ḿ P' N S', S' N d P, (P) Ḿ g Ḿ P, P g, r S
8. (Ḿ) P Ḿ g (Ḿ) P, P, P (Ḿ) g Ḿ P N S', (S') N S', S' (g') r' S', (S') N S' N d P, P Ḿ P N S' r' S', P Ḿ g Ḿ P N S', S' N d P Ḿ G Ḿ P, P (N) P Ḿ g, P g, P↘(Ḿ g r)S, S
9. d P Ḿ P g Ḿ d P S', S' N Ḿ P N d P Ḿ P g Ḿ P Ḿ g r S, 'N S Ḿ g r S 'N 'd 'P, 'P, 'Ḿ 'g, 'r 'S, 'S, 'S S S' S" S' S 'S
10. S 'N S, S Ḿ g Ḿ P, P, P d P, P Ḿ, (Ḿ) g Ḿ, P N S', S', N S' g' Ḿ' P' N' S", S", S" N' d' P', P' d' P', Ḿ' g' r' S', S' N d P, N S' N d P, P (d P) Ḿ P, P g Ḿ g, Ḿ g P g, Ḿ g r S, g r S, r S, S
11. S P d P Ḿ P Ḿ d P N d P Ḿ g r S, S 'N S Ḿ g Ḿ P d P Ḿ g Ḿ P N S', S' r' S' N S' g' Ḿ' P' N' d' P' N' S", S" N' d' P', P' Ḿ' g', (g' Ḿ') P' Ḿ' g' r', P'↘(Ḿ' g' r')S', N S' r' g' r' S', S' N, N, N d P, Ḿ g r S, g r S 'N S, S S' S" S' S
12. 'N S g Ḿ P N S' r' S' N d P Ḿ g P Ḿ g r S, 'N S g Ḿ P d P Ḿ g r S, 'N S g Ḿ P Ḿ g r S, 'N S g r S, 'N, S
13. 'N S Ḿ g P Ḿ d P S' N r' S' g' r' S' N d P Ḿ g r S, 'N S Ḿ g P Ḿ d P Ḿ g r S, 'N S Ḿ g P Ḿ g r S, 'N S Ḿ g r S, 'N S, Ḿ g, P g, r S
14. P, P Ḿ g, r S, P Ḿ g r S, P Ḿ g P Ḿ g r S, r' S', g' Ḿ' P', P' Ḿ' g' P' Ḿ' g' r' S', S' N d P, P Ḿ g, Ḿ g, P g, r S

~0~

41. PARAJ

Aaroh	'N S G, Ḿ d N S'
Avroh	S', N d P, Ḿ P d P, G M G, Ḿ G r S
Pakad	S', N d P, Ḿ P d P, G M G
Vaadi	S (Shadaj)
Samvaadi	P (Pancham)
Madhyam	Both Madhyam (Ḿ, M)
Vikrut	r (Komal Rishabh)
	d (Komal Dhaivat)
	Ḿ (Teevra Madhyam)
Jaati	Sampoorna—Sampoorna
Thaat	Poorvi
Samay	Ratri Ka Antim Prahar

1. 'N S G, Ḿ d N S', S' r' S' r', N d N, d P, G M G, Ḿ d N S', S', N d P, Ḿ P d P, G M G, Ḿ G r S
2. d S' N d P d Ḿ d N S' r' N S' d N S' r' S', S' N d P Ḿ G r S 'N S G Ḿ d N S' r' N S', S' r' N S' N d N r' G' Ḿ' r' S' r' N S' N d S' r' S' r' N S'
3. N, d N, Ḿ d N, G Ḿ d N, r G Ḿ d N, S' N, r' N S' N, d N S' r' N S' N, r' G' r' S' r' N, Ḿ' G' r' S' r' N S' N, Ḿ' d N S' N, N S' N, (N) d S' N (d) Ḿ d N S' r' S' N S' d S' N, N d P Ḿ d N S' N d P M G (r) S 'N, 'N S G Ḿ d N S' r' S' r' N S' N d S' N
4. N S' r' (N) S' N d P G M G r S, (S) 'N r G (d) Ḿ d N S' r' N d N S', N r' G' r' G' r' S' r' S' N d N S', N d N
5. N d N S' r' N S', N d P Ḿ d N S' d N S', N d P G M d P G M G Ḿ G r S, (S) 'N S 'N 'd 'N S G Ḿ d N S', S' r' S' r' N S' (N) d S' r' N S'
6. 'N S G Ḿ d N S' r' S' N d P Ḿ P d P G M P d P G M G Ḿ G r S

7. Ḿ G r S, ‘N ‘d ‘P ‘Ḿ, ‘G ‘M ‘G ‘Ḿ ‘G ‘r ‘S, ‘S S S’, N S’, S’ r’ S’ r’ N S’, (S’) N r’ G’ Ḿ’ G’ r’ S’ G’ Ḿ’ d’ N’ S”, S”, S” N’ d’ P’, Ḿ’ P’ d’ P’ G’ M’ G’, Ḿ’ G’ r’ S’ N S’, S’, S’ S” S’

8. r G Ḿ d N r’ G’ Ḿ’ Ḿ’ G’ r’ S’ N d P M G Ḿ G r S G Ḿ d N S’ r’ S’ r’

9. P d P d N d P d N S’ r’ N S’, S’, (S’ N) d N r’ G’ r’ S’, r’ G’, G’ M’ G’, G’ Ḿ’ G’ r’ S’, (N) d P, (d) N d P Ḿ P d P, G M G Ḿ G r S

10. N d P, S’ N d P, N S’ N d P, d N S’ N d P, P d N S’ N d P, Ḿ P d N S’ N d P, r’ S’ r’ N S’ N d P, G’ r’ S’ N d P, Ḿ’ G’ r’ S’ N d P, Ḿ d N S’ r’ S’ N d P, N d P, Ḿ P d P, G M G, Ḿ G r S

11. (P) d Ḿ d N S’, (N) S’ r’ S’ r’, (S’) N S’, (S’ N) d↘(r’)S’ r’, (S’) N S’, (S’) N d P, (d) Ḿ d (S’) N S’, S’

12. d r’ S’ r’ N S’ N d N S’, N d Ḿ d N S’, r’ S’ N S’ N d P, M G Ḿ G r S, S M G M P d N S’ d r’ S’ N S’, d N S’ r’ S’ N d, (d) Ḿ d N S’ r’

13. (d) Ḿ d (S’) N S’ N d, N d P, (P) G M G, Ḿ G r S, (S) ‘N r G, (d) Ḿ d N S’, r’ (S’) N S’ d S’, N (d) Ḿ d, (d) Ḿ d (S’) N S’ r’ S’ r’, (r’) G’ M’ G’ Ḿ’ G’ r’ S’, N S’ r’ S’

14. (d) Ḿ G, (d) Ḿ d N S’, r’ S’ r’ N d N S’, r’ G’ r’ S’, N d S’, N d P, (P) d P, (P) G M G Ḿ, G r S, ‘N S G Ḿ d N S’, S’ r’ S’

15. Ḿ d N S’ r’ S’ N d S’, (S’) N S’, S’ r’ S’, S’ N d S’, (S’) N r’ G’ r’ S’, N d P, (P) d G M G, Ḿ G, G Ḿ G r S

16. (P) d Ḿ d N S’ N r’ S’ N r’ G r’ S’ N d S’, N d r’ N d P, Ḿ P d P, G M G, Ḿ G r S, ‘N S G Ḿ d N S’, S’ r’ S’

~0~

42. PATDIP/ PATDIPKI/ PRADIPKI

Aaroh 'n S, G M, P n S'
Avroh S' n D P, M, g R S, 'n S
Pakad P g, M g, R S 'n S, G M, P G M, n D P, M g, M g, 'n S
Vaadi S (Shadaj)
Samvaadi M (Madhyam)

[Some consider Madhyam as Vaadi and Shadaj as Samvaadi. While some consider Pancham as Vaadi and Shadaj as Samvaadi.]

Vikrut g (Komal Gaandhaar)
n (Komal Nishaad).

[In this raag, both Shuddha and Komal Gaandhaar are used. Some also use both Shuddha and Komal Nishaad. The Vistaar is normally in Mandra and Madhya Saptak. The Meend glides over 1 or 2 or maximum 3 in-between swars. For example, M↘S, glides over g and R, which may be as (g R) Kan swars.]

Varjit R (Rishabh) and D (Dhaivat) in Aaroh
Jaati Auduv—Sampoorna
Thaat Kafi
Samay Din Ka Tritya Prahar

1. (S) 'n, S, (S) M g R S, S↘('n 'D)'P, 'M, 'n, 'P, 'n S, G, M, M P M, G M, n D P, M, G M, P g, R S
2. M P S', S', R' S', n S' M' g' R' S', n D P, M, G M, P n, D P, M, G M, P g, R S
3. P n P, M P M D P M, g M P n D n S', n D n S' R' S' n S' n R' S', R' S' g' M' R' S', n S' g' M' P' g' M' R' S', S' n P M P g M, M, M P M, P M P, n P M P, g M, R S, S

4. (M) g M D n S’, n S’ R’ S’ n S’, R’ S’, g’ R’ S’, M’ g’ R’ S’, n P M P (M) g M R S R ‘n S, R S, S
5. ‘n, S, M↘(g R) S, ‘n, S, ‘n ‘D ‘P, ‘D ‘P, ‘n S, S, M, P G, M, ‘n S M g, M P, M, P g, R, S, ‘n R S, ‘n ‘n R S
6. M P M n D M P M g M P M g M R S, ‘n S g M P g M n D n S’, S’ n P M P g M R S
7. ‘n S R S, ‘n S g R S, ‘n S g M R S, ‘n S g M P M g M R S, ‘n S g M P n D n S’, n P N P g M R S, R ‘n S, ‘n S R S
8. (M) n (D) n P M P (D) g M (n) D n S’, S’ R’ S’ R’ R’ S’ n S’ R’ g’ M’ R’ S’, g’ M’ R’ R’ S’, S’ g’ M’ P’, P’ M’ g’ M’ P’ M’ g’ M’ R’ S’, S’ n P M P (M) g M R R S, S R S
9. (M) g M (D) n D n S’, S’ n S’ n S’ R’ n R’ S’, n S’ R’ n S’, n P (M) g R, n P M P g M R, g M R S
10. D P, M P g M, D, N S’, D N S’, n P, M P, g M, M n D N, M P g M N D N S’, S’ R’, g’ M’ R’ S’ N S’, n P (D) n, P M P, P M g M, R S
11. S M P g M n D N S’, S’ g’, S’ (M’) g’ M’ R’ S’ R’ N S’, D N S’ R’ N S’, N S’ (M’) g’ M’, M’↘(g’ R’)S’, n P M P, g M, R S
12. S’, n S’, n (D) P, M P, M P M, n P M P, M P (n) S’, n↘(P)M, g M, (M) g M P, P↘(M g R)S, S R S
13. n D n S’ R’ S’ n S’ (D) n S’, R’ R’ S’ n S’ D n S’, S’ M’ g’ M’ P’ g’ M’ R’ S’, R’ S’ n, S’ R’ n, n R’ S’, n↘(P)M, P↘(M)P, P (M) g M, g M, g↘(M R)S, R S

~0~

43. PILU

Aaroh 'n S, g R g, M P, d P, n D P, S'
Avroh n D P M g, 'N S
Pakad 'N S g 'N S, 'P 'd 'N S
Vaadi g (Komal Gaandhaar)
Samvaadi N (Nishaad)

[All 12 swaras S r R g G M Ḿ P d D n N are used. The usage frequency of the Swaras in the Aaroh, Avroh, and Pakad, vary with different Gharaanaas. Some fuse other Raagas like Bhairavi, Gauri, and Bhimpalaasi, within this Raaga. Due to this mixture, some call Pilu as a mixed or a Mishra Raaga.]

Jaati Undefined as all 12 Swaras are used
Thaat Kaafi
Samay Din Ka Teesraa Prahar

1. 'D 'n g R M g R G M P g R, n D P G M g r, d n S', S' n D P R' S', N d P Ḿ P G R, n D P g Ḿ P g Ḿ g, g Ḿ P d S', R' S', r' n S' r' S', Ḿ' P' d' P' n' S", S" n' D' P' M' g', n S', S", S', S, 'S, S

2. 'N S G Ḿ P, 'n S g M P, G Ḿ P D P N D P S', g M P d P n d P S', N D P R' S', n d P r' S', N D P G Ḿ P D P Ḿ P G, n d P g M P d P M P g, Ḿ P G N D P Ḿ P G P G R S, M P g n d P M P g P g r S, 'N S R 'N S, 'n S r 'n S, 'N S 'D 'P 'Ḿ 'P 'N S, 'n S 'd 'P 'M 'P 'n S, S G R S, S g r S, S G R G, S g R g, S G R G Ḿ P D P, S g r g M P d P, S G R G Ḿ P D P N D P S', N S' G' N S', n S' g' n S', S' N S' G R G, S' n S' g' r' g', S' G' R' G' N D P Ḿ G, S' g' r' g' n d P M g, N D P Ḿ G 'N S, n d P M g 'n S, 'N S, 'n S, S

3. ‘N S g M g P g, d P M P g ‘N S g, R S g ‘N S g R g M g, D M P g P M P g, N D P M g, ‘N S

4. ‘Ḿ ‘P ‘d ‘N S, ‘P ‘d ‘N S, ‘d ‘N S, ‘N S, g, R S Ḿ g ‘N S, R S P Ḿ g ‘N S, ‘N S, ‘N S g Ḿ P g ‘N S, d Ḿ P g ‘N S, R ‘N S, R ‘N S ‘N ‘d ‘P, ‘Ḿ ‘P ‘d ‘N S g R g, g R S R S ‘N S g, Ḿ P d N S’, N S’ g’ R’ g’ Ḿ’ P’ d’ P’, d’ P’ Ḿ’ g’ N S’, N d P Ḿ g ‘N S

5. S’ N S’ N d P M g R S, g’ R’ g’ R’ S’ N S’ N d P M g R S, P’ M’ P’ M’ g’ R’ g’ R’ S’ N S’ N d P M g R S, N S’ g’ R’ g’ M’ P’ d’ P’, d’ P’ Ḿ’ g’ N S’, S’ N S’ N d P M g R S

6. ‘N S g ‘N S, ‘P ‘d ‘N S, ‘N S, ‘N S G M P G M P, ‘N S G M P G M P G M G M P, ‘N S G M P G M P G M G M P D n D P S’, ‘N S G M P G M P G M G M P D n D P S’ n D P R’ S’ n D P g’ R’ S’, ‘N S G M P G M P G M G M P D n D P S’ n D P R’ S’ n D P g’ R’ S’ n D P M g R S, ‘N S G M P G M P G M G M P D n D P S’ n D P R’ S’ n D P g’ R’ S’ n D P M g R S ‘N S r ‘N S ‘N ‘d ‘P ‘M ‘P ‘N S, ‘N S g ‘N S, ‘P ‘d ‘N S

7. ‘n S r ‘n S, ‘n S g r ‘n S, ‘n S g M P M g r ‘n S, ‘n S g M P d P M g r ‘n S, ‘n S g M P d n S’ n d P M g r ‘n S, ‘n S g M P n S’ r’ g’ r’ S’ n d P M g r S, g M P S’, P d P M g r ‘n S r ‘n S ‘n ‘d ‘P, ‘n S ‘n ‘d ‘P ‘M ‘P ‘n S, ‘M ‘P, ‘d ‘P, ‘n ‘d ‘P, S, ‘n S r ‘n S

8. ‘n S g, ‘n S, ‘n, S r S, ‘n ‘d, ‘P, ‘d ‘P ‘M ‘g, ‘r, ‘S, ‘g ‘r ‘g ‘M ‘P, ‘P ‘d ‘n S, ‘n S g ‘n S, ‘n S g r g, M P d P, n D P S’, S’ r’ S’, d P M P, P M P g, r S, ‘n S r S, ‘n S, g, r, S, ‘n S g R g M P d P n D P S’ n D P M g ‘N S

9. ‘n S, g R g, M P, d P, n D P, S’, n D P M g, ‘N S, ‘N S g ‘N S, ‘P ‘d ‘N S

~0~

44. PURIYAA

Aaroh 'N r S, G, Ḿ D, N r' S'
Avroh S' N, D, Ḿ G, r, S
Pakad G, 'N r S, 'N 'D 'N, 'Ḿ 'D, r, S
Vaadi G (Gaandhaar)
Samvaadi N (Nishaad)
Vikrut r (Komal Rishabh)
Ḿ (Teevra Madhyam)
Varjit P (Pancham)
Jaati Shaadav—Shaadav
Thaat Maarwaa
Samay Sandhiprakaash

1. Ḿ G r, S 'N 'D 'N, 'Ḿ 'D, 'N r S, S r S, 'N 'D 'N, r G Ḿ G r S, 'N r G M G Ḿ D, N D Ḿ G, Ḿ G r S
2. G Ḿ P G Ḿ G r, 'N r S, 'N 'D 'N, (S) 'N r G Ḿ G, (D) Ḿ D, (D) N Ḿ G, Ḿ G r S, (G) Ḿ G Ḿ D S', S' r' S', N r' N D Ḿ, D Ḿ G Ḿ r, G Ḿ G r S
3. S 'N 'D 'N r 'N 'D, 'D 'Ḿ 'G, 'G, 'r, 'S, 'S 'G 'Ḿ 'D, ('D) 'Ḿ 'D, 'Ḿ 'D 'N, 'N r S, S r S, 'N 'D 'N, (S) 'N r G Ḿ, G r S
4. D S', r' S', N r' S', D N r' S', Ḿ D N r' S', G Ḿ D N r' S', S G Ḿ D N r' S', S' N, S' N D, S' N D Ḿ G, S' N D Ḿ G r, S' N D Ḿ G r S, 'N r S, r S, 'D S
5. S 'N 'D (S) 'N r 'N, 'D↘('Ḿ) 'G, ('G) 'Ḿ 'D, ('D) 'Ḿ 'D S, 'N 'D 'N r Ḿ G, Ḿ G, r, S
6. (S) 'N r G, (G) Ḿ G, (G) r G Ḿ G, r S, S 'N r G r S

7. (G) Ḿ G, G Ḿ G r S, 'N 'D (S) 'N S r S, S' 'N 'D, ('D) 'Ḿ 'D ('N) S, S 'N 'D 'Ḿ 'G, 'Ḿ 'G, 'r, 'S, 'G, 'Ḿ 'D 'N, 'D S, (S 'N 'D) Ḿ 'D S, 'D 'N r S, 'N r S

8. Ḿ G (S) 'N r S, ('N) 'D 'N r G 'N r S, ('N) 'D 'N r G r, G, G Ḿ Ḿ G, Ḿ G, r S, (G) Ḿ G, (D) Ḿ D, D Ḿ S', N r' S', N r' G' N r' N, (N) Ḿ G N D Ḿ G, G Ḿ Ḿ G, Ḿ G r S

9. 'N 'D, 'N, r 'N, ('D) 'Ḿ 'D S, 'N r S 'N S, (S) 'N, (S) 'N r G S, 'N 'D 'N r 'N 'Ḿ 'D, 'Ḿ 'G 'Ḿ 'D, S, 'N 'D, 'N r S

10. S, 'N r S, 'N r G r S, 'N r G Ḿ G r S, 'N r G Ḿ D G Ḿ G r S, 'N r G Ḿ D N Ḿ D G Ḿ G r S, 'N r G Ḿ D N r' N D Ḿ G r S, 'N r G Ḿ D N r' S' N D Ḿ G r S, 'N r G Ḿ D N r' G' r' S' N D Ḿ G r S, 'N R G Ḿ D N r' G' Ḿ' G' r' S' N D Ḿ G r S, 'N r S, S

11. (S) 'N S 'N, ('D) N 'D 'Ḿ 'G, 'G, 'G 'r 'S, 'r 'S, ('r 'G) 'Ḿ 'G 'r 'S, 'G 'Ḿ 'D, 'Ḿ 'D, 'Ḿ 'D 'S, (S) 'N r S, 'N r, (r) Ḿ G, r S

12. Ḿ D S', S', S' r' S', S' N D N S', S' N r' N, N D Ḿ, (D) Ḿ↘G, (D) Ḿ N, (D) Ḿ D, Ḿ G, (G) Ḿ G, r S, S, (S) 'N r 'N 'D 'N, 'Ḿ 'G, ('G) 'Ḿ 'G 'r, 'G 'r, 'G 'r 'S, 'S, 'S S S' S, S

13. ('N) S 'N 'D 'N r G, (G) Ḿ↘G, (D) Ḿ D, N D N, (D) Ḿ G, (G) Ḿ G r S, (S G) Ḿ D S', S' r' S', 'N 'D 'N, ('D) 'Ḿ 'D↗r S,

14. (S) 'N r, G r S, (S) 'N r G Ḿ G, (D) Ḿ G↘'N, 'N↗G, G↘'N, r, S 'N S, 'N↗N, S, N↗S', S' N↘G, G, 'N r S, 'N 'D 'N, 'Ḿ 'D, r, S

~0~

45. PURIYAA DHANAASHRI

Aaroh 'N r G Ḿ P, d P, N S'
Avroh r' N d P, Ḿ G, Ḿ r G, r S
Pakad 'N r G, Ḿ P, d P, Ḿ G, Ḿ r G, d Ḿ G, r S
Vaadi P (Pancham)
Samvaadi r (Komal Rishabh)
Vikrut r (Komal Rishabh)
d (Komal Dhaivat),
Ḿ (Teevra Madhyam)
Jaati Sampoorna—Sampoorna
Thaat Poorvi
Samay Sandhya Kaal

1. 'N r G Ḿ P d Ḿ P, Ḿ G Ḿ r Ḿ G r G Ḿ G r S, N d Ḿ G Ḿ G r S, Ḿ G Ḿ d Ḿ S', N r' G' r' S' r' N d r' N d P, Ḿ G Ḿ r Ḿ G r G M G r S
2. P, G Ḿ P, Ḿ P, d P, N d P, r' N d P, P, Ḿ d P Ḿ G, r S
3. P d P N d P, Ḿ d N r' G' r' S', N r' G' Ḿ' P', (P') d' P' N S'', S'' N' S'', (S'') N' d' P' d' P', Ḿ' G', Ḿ' r', N r' G' Ḿ' d' Ḿ' G' r' S'
4. (Ḿ d) Ḿ G, r S, S 'N r G, G (Ḿ r) G, (G) P S', N d, r' N d P, d Ḿ P d P, P (Ḿ P d) Ḿ G, Ḿ r G Ḿ d, d Ḿ G d Ḿ d, d S', (N) S' N d, (d) r', r' S', S' r' N d P, P d P Ḿ P d P, (P) Ḿ (r) G r S
5. S 'N r G Ḿ P d Ḿ G Ḿ r G r S, S 'N r G Ḿ P d P N S', (S') r' N d, (d) Ḿ d S', S' r' S', N d N r' N d S' r' S', r' N d P, (d) Ḿ G (d) Ḿ d, (d) r' N d P, Ḿ P d Ḿ G, (G) Ḿ G r S
6. (Ḿ) P d G (d) Ḿ d r' N d P, (Ḿ) P d Ḿ, (G) Ḿ r G Ḿ G r S

7. Ḿ G Ḿ, G Ḿ P d S’, S’, S’ r’ S’, N r’ G’ Ḿ’ P’, Ḿ’ P’ d’ P’, Ḿ’ d’ S”, S”, N’ S”, (S”) N’ d’ P’, (P’) Ḿ’ G’ Ḿ’ r’, r’ G’ r’ N r’ S’, (N) d S’ N d, d S’ N r’ N d, N d P, d P, d (P) Ḿ G, r S, S

8. Ḿ G d Ḿ d Ḿ d S’, S’ R’ S’ N r’ G’ r’ S’, S’ N r’ N d P, d Ḿ d N d Ḿ, G Ḿ r G, (G) r S

9. S, G r S, (S) ‘N r G r G P, Ḿ G P Ḿ G r S, S ‘N r G Ḿ P, Ḿ G Ḿ P d Ḿ G Ḿ r G Ḿ G r S, (S) ‘N r G Ḿ d N S’ N d r S’ r’ S’, (S’) r’ G’ r’ S’, S’ r’ G’ P’, d’ P’ N’ S”, S”, N’ S”, (S”) N’ d’ P’ Ḿ’, G’ r’ S’, S’ N r’ G’ r’ N d P, d N d Ḿ G Ḿ r Ḿ, G r S, S, S S’ S” S’ S

10. G Ḿ G d Ḿ d r N d P, Ḿ P d Ḿ G r G r S, S ‘N r G r G r S, (S) ‘N r G r G P, Ḿ G P Ḿ G r S, Ḿ d S’, S’ r’ G’ r’ S’, N S’ r’ N d Ḿ d Ḿ G Ḿ r G R S

11. (S) r G (Ḿ) P N S’, S’↘(N)d, Ḿ P d Ḿ G, Ḿ r G r S, ‘N r G Ḿ P, P d P Ḿ P d Ḿ G Ḿ P, P (d) Ḿ d N d r’ N d, N d P Ḿ G Ḿ P, P d P N S’, S’, N d S’, N r’ N d P Ḿ d Ḿ G r Ḿ G r S

12. Ḿ d N S’, S’, N↘d, P, (Ḿ) P, P Ḿ, d Ḿ, G Ḿ r G, r, r S, S ‘N r G Ḿ, P, (d) Ḿ d N d r’ N d P, Ḿ G, Ḿ r G, r S

13. d Ḿ d S’, r’↘S’, S’, S’ (N) r’ S’ N S’ N d, N↘d, d N r’ N d, N d P Ḿ P, (Ḿ) d G, (d) Ḿ d, (d) r’ N, (d) N d P Ḿ P, d P N d P, (Ḿ) P, (d) Ḿ↘G, (G) Ḿ r, (G) r G, Ḿ d Ḿ G Ḿ, (r) G r S

14. (S’) d↘P, P, (d) Ḿ P d Ḿ G, (G) Ḿ↘G, r G Ḿ, d P N S’, (N) d N r’ Ḿ’ G’ r’ S’ N S’, r’ N d, P, P Ḿ P, P G P, P G r S, r S

15. (Ḿ) P Ḿ P d, P, Ḿ P, d Ḿ G Ḿ r G, G Ḿ d Ḿ G r S, ‘N r G, Ḿ P, d P, Ḿ G, Ḿ r G, d Ḿ G, r S

~0~

46. PURVI

Aaroh S, r G, Ḿ P, d, N S'
Avroh S' N d P, Ḿ, G, r S
Pakad 'N, S r G, M G, Ḿ, G, r G, r S
Vaadi G (Gaandhaar)
Samvaadi N (Nishaad)
Vikrut r (Komal Rishabh)
d (Komal Dhaivat).

[Some use only Shuddha Dhaivat. Some use both Komal and Shuddha Dhaivat.]

Madhyam Both Madhyam (Ḿ, M) are used
Jaati Sampoorna—Sampoorna
Thaat Poorvi
Samay Din Ka Antim Prahar

1. G, r, S, 'N r, S, 'N, S r G, r G, Ḿ G, P, Ḿ, G, r G, Ḿ G, G, r, S, 'N r, S
2. 'N, S r G, r G, Ḿ G, P Ḿ G, d P Ḿ G, Ḿ G, r G, Ḿ d Ḿ G, G, r, S, 'N r, S, 'N 'N, S r G, Ḿ G, g Ḿ Ḿ G Ḿ G, P d Ḿ P Ḿ G, M G, 'N r G Ḿ d Ḿ G, Ḿ G, r G, r, S, 'N r, S
3. 'N r G Ḿ P, G Ḿ P, Ḿ P, d P, N d P, S', N, d, P, r, N, d, P, Ḿ P d, Ḿ P, Ḿ G, 'N r G, d Ḿ G, r, S, 'N r, S
4. S, 'N r, S, 'N r G, r, S, 'N r G Ḿ G r S, 'N r G Ḿ P Ḿ G r S, 'N r G Ḿ P d P Ḿ G r S, 'N r G Ḿ P d N d P Ḿ G r S, 'N r G Ḿ P d N S', N d P Ḿ G r S, 'N, S r G, 'N r G, r, 'N r, S
5. S d P d Ḿ P Ḿ G, Ḿ G, Ḿ G r S, 'N r G r S, P Ḿ G r G Ḿ G r S
6. S, 'N, r 'N, 'd, 'P, 'Ḿ 'P, 'd 'N 'd 'P, 'Ḿ G, 'Ḿ 'd, 'N, 'd 'N, S, 'N r G, Ḿ G, r, 'N r, S

7. 'N r G Ḿ P, G Ḿ P, d P, N d, P, Ḿ P d Ḿ P, Ḿ G, M G, 'N r G Ḿ P Ḿ G, M G, d P d Ḿ P Ḿ G, M G, 'N r G Ḿ d Ḿ G, Ḿ G, M G, Ḿ G, r G, r, S, 'N r, S

8. 'N r G, 'N r G M G, 'N r G Ḿ P Ḿ G M G, 'N r G Ḿ P d P Ḿ G M G, 'N r G Ḿ P d N d P Ḿ G M G, 'N r G Ḿ P d N S' N d P Ḿ G M G, 'N r G Ḿ P d N S' r' N d P d P Ḿ G M G, 'N r G Ḿ d Ḿ G, Ḿ G, M G, r G, r, S, 'N r, r, S

9. Ḿ G, Ḿ d Ḿ, S', S', N r', S', N r' G' r', S', r' S', N d, r', N, d, P, Ḿ d N, r' N, d P, P d Ḿ P, Ḿ G, M G, 'N r, G, Ḿ d Ḿ G, r G, G, r, S, 'N r S

10. Ḿ G, Ḿ d P, S', S', N r' S', N r' G' r' S', N r' G' Ḿ' G' r' S', G' r' S', r' S', N, d, P, Ḿ d r' N d, P, Ḿ P d Ḿ P, Ḿ G, M G, 'N r G, Ḿ d Ḿ G, r G, r, S, 'N r, S, 'N, S r G, r G, r S, r, S, 'N r S, 'N r, S

11. S 'N 'd 'P, 'Ḿ, 'G, 'r 'S, 'S, 'r 'G, 'Ḿ 'P, 'd, 'N S, S, 'N, S r G, M G, Ḿ, G, r G, r S, S 'N 'd 'P 'Ḿ 'G 'r 'S, 'S, 'S 'r 'G 'Ḿ 'P 'd 'N S, S, 'N S r G M G Ḿ G r G r S, S r G Ḿ P d N S', S' r' G' Ḿ' P' d' N' S'', S'', S', S, 'S, S, S', S' N d P, Ḿ, G, r S, 'N, S r G, M G, Ḿ, G, r G, r S, S

12. 'N r G Ḿ G r, G r S, 'N S r G, r G M G, Ḿ G Ḿ d Ḿ, P d N d P, P Ḿ G Ḿ d, Ḿ G, G, G r S, S, r G, Ḿ P, d, N S', N r' S', N r' G' r' S', N r' N d P, Ḿ d N d r' N d, N d P S', N d P Ḿ G, G, G r G, G r S, 'N r G r S, 'N r S, S

~0~

47. RAAGESHWARI

Aaroh S G, M D N S'
Avroh S' n D M G R S
Pakad G M D, n D, N S', n D N S'
Vaadi G (Gaandhaar)
Samvaadi N (Nishaad)
[Some consider Shadaj as Vaadi, and Pancham as Samvaadi.]
Nishaad Both Teevra and Komal Nishaad (N, n)
Vikrut n (Komal Nishaad)
Varjit P (Pancham) in Aaroh and Avroh
R (Rishabh) in Aaroh
Jaati Auduv—Shaadav
Thaat Khamaaj
Samay Raatri Ka Doosra Prahar

1. S, R S, 'n 'D 'N S, M G, M D, n D, M G, S R S, G M D, N S', M' G', R' S', n D, M D, n D, M G, R, S, 'n 'D S, R S, S
2. R 'N S 'n 'D S, 'N S G M D S' R' S', S' (D) n D M G R S
3. 'N S, S, R S, G R S, M G R S, G M, G M D, M G, M D M G, G M D N S', N S', R' S', G' M' G' R' S', S' n, D M, G↘(R)S, 'n 'D, 'n S, G M S', S' n D, M G, R S, S G, M↗D, (G) M D (N) S', S' R' S' G' M' G' R' S', S' n↘D, M↘G, R↘S, S, 'N S
4. G↘(R)S, 'N, 'N S, S 'D, 'n 'D, (R) S, ('D) 'n↘'D, ('D) 'n 'D 'N S, S G, G↘(R)S
5. G M, D M, D n D M, G M D, S' n D, n D M, G R S, 'N S, R S, G M G R S

6. G M, M G, M D, D S', S' G', G' M', G' R' S', (n) D n D, M G R S, ('N) S, 'n 'D 'n S, G, M↗D, (D) n↘D, (D) n D N S', S' G', G', G'↘N, N S', (n) D n D, M G, R S
7. G, S G, (M) G M (n) D n D S', S' n D M G, G M D (N) S', S' (n) D M G, G M (D N) S', S' (n D) M G, G (M) D N S', S' (n D M) G, G (M D N) S', S'↘G, G↗S', S'↘S, S G, G
8. 'G, 'M, 'G 'M, 'M 'D, 'N, S, 'N S, S 'n, 'D 'M, 'G, 'R, 'S, 'S 'G, 'G 'M 'D, 'n 'D, 'N S, 'n 'D 'N S, S 'n 'D, 'M 'G, 'R 'S, 'S, 'S↗S, S G M D N S' n D M G R S, S
9. 'S, 'G 'M, 'D 'N, S, 'n 'D, 'M 'G, 'S
10. S, S R S, (S) G, G↗(M D) N, S', n↘(D M) G, G (S), S R S, S
11. S G, G, (S) G↗N, N, N S', R' S' G' M' G' R' S', N S', S' n D M, D n D M, M D M G, G M, D M, n D M, G R S, S G, G
12. 'S, 'G 'R 'S, 'G ('M 'D) 'N S, 'n 'D 'N S, S, G R S, G (M D) N S', n D N S', S', G' R' S', G' (M' D') N' S", n' D' N' S", S", n'↘(D' M') G', R' S', S', n↘(D M) G, R S, S, 'n↘('D 'M) 'G, 'R 'S, 'S, 'S S S' S" S' S 'S, S
13. 'N S, S G, G, G R S, G, G M D, M D M G, G M D N S', n D, M D, n D, M G, R, S, S R S, 'n 'D S, R S, 'N S

~0~

48. RAAMKALI

Aaroh S r~ G, M P, d~, N S'

[Some omit r~ in Aaroh, making it as S G, M P, d~, N S']

Avroh S' N d~, P, Ḿ P d~ n d~, P G, M r~ S

Pakad d~ P, Ḿ P, d~ n d~ P G, M, r~ S

Vaadi D (Dhaivat) or P (Pancham)

Samvaadi R (Rishabh)

Vikrut r (Komal Rishabh)
d (Komal Dhaivat)

Aandolit d~ (Komal Dhaivat)
r~ (Komal Rishabh)

Types :

1) Both types of Madhyam (Ḿ, M) and Nishaad (N, n) are used.

[Nowadays, this type is popular. Here, the Jaati cannot be specified as more than 7 swaras are used. In this type, Pancham can be favored as the Vaadi.]

2) Madhyam (M) and Nishaad (N) are omitted in Aaroh.

[In this type, the Jaati becomes Auduv—Sampoorna.]

3) All seven swars are included.

[In this type, the Jaati becomes Sampoorna—Sampoorna. This type can be easily confused with Raag Bhairav. However, in Raag Bhairav, the Vistaar is in Mandra and Madhya Saptak; whereas in Raag Raamkali, the Vistaar is in Madhya and Taar Saptak. Another distinguishing feature is that the Aandolan of Rishabh is more in Raag Bhairav and less in Raag Raamkali.]

4) Both types of Gaandhaar (G, g) are used.

[In this type, the Jaati cannot be specified.]

Jaati Auduv—Sampoorna, or
Sampoorna—Sampoorna, or
Unspecified

Thaat Bhairav

Samay Praatah Ka Pratham Prahar

1. G M n d~ P d~ Ḿ P, d~ P M P G M, G M r~ G M P G, M P M G r~ S 'N S G M P G M, P d~ S' N S', S' r'~ G' M' P' d'~, N' S'', S'' N' S'', S'' N' d'~ n' d'~ P', G' M' P' G' M' G' r'~ S', S' N d~ n d~ P G M, G M P G M G r~ S, r~ S
2. S', S' r'~ S', S' r'~ G' M' r'~ S', S' r'~ G' M' P' M' G' r'~ S', S' N d~ P Ḿ P Ḿ G r~ S, S' r'~ S' N d~ P Ḿ P Ḿ G r~ S, S' r'~ G' M' r'~ S' N d~ P Ḿ P Ḿ G r~ S, S' r'~ G' M' P' M' G' r'~ S' N d~ P Ḿ P Ḿ G r~ S
3. S' N d~ P N d~ P Ḿ P M G M r~ S, S' r'~ S' N d~ P N d~ P Ḿ P M G M r~ S, G' M' P' M' r'~ M' G' r'~ S' r'~ S' N d~ P N d~ P Ḿ P M G M r~ S
4. S' r'~ S' G' M' r'~ S' M' G' P' Ḿ' P' M' r'~ S', S' d~ N S' r'~ S' N S' d~ n d~ P Ḿ P G M P d~ N S', S' N d~ P Ḿ P M G M r~ S, S S' S
5. S r~ G, P, d~, S', S' N d~, P, P d~, d~ P Ḿ, (P d~) n d~ P G, M, r~ S
6. (S) 'N S, (M) G M P d~ N S', (S') R' S', S' (N) d~ n, d~ P M, (G) M G M G r~, G P M G M G r~ S, S G, (G) M, (M) n d~ P, M r~ S
7. (M) G M n d~ P, d~ P M P M G r~ M P, (G) M G M G r~ S, (S) 'N S G M P, (M) P, P d~ N S' r~ S' N d~ n d~ P, M G r~ S
8. G M P, (N) d~ P Ḿ P, (P) G M G r~ G P, P (n) d~ S', (S') n d~ P, d~ N S' R' S' N d~ P, (Ḿ) P M G, M↘r~ S, (S) N S
9. 'N S r~ M P N S', (S') r'~ G' M' r'~ g' r'~ S' r'~ S', (S') n d~, d~ N S', S'↘d~, (d~) n d~ P M, (M) G M r~, G r~ g r~ S

~0~

49. SAAVNI KALYAAN

Aaroh Not known.

[Most of the details of this Raag are lost in time. However, it is generally accepted that Madhyam and Nishaad are very weak in Aaroh.]

Avroh Not known.

Pakad Not known.

Vaadi S (Shadaj)

Samvaadi Not known.

Jaati Not known.

Thaat Kalyaan

Samay Raatri Ka Pratham Prahar

[The generally accepted Chalan is: G R S, 'N 'D 'N 'D 'P, 'P S, R G R S, S S M G, P P D, P D P G, R S 'D, G R S]

1. (S) G (R) S 'N 'D 'N 'D 'P S, S, S R S, S G P P D P, P D P, P, G R S, S 'D, S, S R S, G R S
2. G R S, S, ('N) 'D↘('N) 'D, 'P, ('M) 'P S↘'D, ('N) S R S, ('N) S, (S) M G P, (G) P↘G↘R, (G) R G R, ('D) S, (S)↘'D, S, S R S, G R S
3. P S', S', S' N, N D, N D P, P D P G, G P, G R S, S 'D, S R G S, 'N 'D, 'P 'D, 'P, 'P↗S, S, S R S, S S M G, P P D, P D P G, R S 'D, S, G R S
4. (G) P (P) G P, (M) P D P, (G) P G, (P) G P, G R S, ('N) S, (S) M G, P, (G) P, (P) D P, (G) P, (P) G P, G R↘(S) 'D, S
5. S, R S, S R S, G R S, S R G R S, P G R S, S M G P G R S, S M G P N D P G R S, S M G P S' N D P G R S, S, R S, S R S

6. S, S↗S', S', S' N D P P G R S, G' R' S' N D P P G R S, S' M' G' P' G' R', S' N D P P G R S S M G P N D, G' R' S' N D, N D P, N D, P, M G P, G D P, D P G R S, R S 'N 'D S, 'N 'D S, S S R, S S, R, S, S↗S', S'

7. P N D S' R' S' G' R' S' N D P, P N D S' M' G' P' G' R' S' R' S' N D P, P N D S' N D P G D P G R S 'N 'D 'P

8. S G M G P D P D N D P D P G R G S R G R S, S R G P G N D P G D P G R S 'N 'D G R S 'N 'D 'P S R S

9. S, S R, S R S, S G P, P D P, P D N D P, D P, M G P, N D S', S', (S') N D N D P, P (P) G, S M G P, N D P, G, R G, R S, S, 'N 'D, 'N 'D 'P, 'P S, S, S R, S R S

10. S, S G M G P P D P N D P D P M G P N D S' N D N P G M G P N D P G R G R S, S

11. G R S, M G P, P D, P, G D P, M G P D, P D N D P, P D, N D P, D P, M G P N D P, N D N D P, P (P) G, S M G P, P N D S', R' S' N D S', R' S' M' G' P' G' R' S', S' R' S', R' S', G' R' S'

12. D P G R S 'N 'D, S S D P G R S 'N 'D, S S G G D P G R S 'N 'D, S S G G P P D P G R S 'N 'D, S S G G P P D N D P G R S 'N 'D, S S G G P P N D S' R' S' N D P M G P D P G R S 'N 'D

13. G R S, 'N 'D 'N 'D 'P, 'P S, R G R S, S S M G, P P D, P D P G, R S 'D, G R S

~0~

50. SHANKARAA

Aaroh	S G, P, N D, S'
Avroh	S' N P, N D, S' N P, G P, G S
Pakad	S', N P, N D, S', N P, G P, G S
Vaadi	G (Gaandhaar)
Samvaadi	N (Nishaad)
Varjit	R (Rishabh) and M (Madhyam) in both Aaroh and Avroh OR M (Madhyam) in both Aaroh and Avroh
Jaati	Auduv—Auduv (if R and M are omitted) OR Shaadav—Shaadav (if M is omitted)
Thaat	Bilaawal
Samay	Ratri Ka Doosra Prahar

1. S G P N D S' N P N D S' N P G P G S, (S) G↘S, S
2. S' N P, P N D S', N P G P N P, G P G S, 'N 'P, 'N S G S G P N P S', N P N D G P G S
3. S G P N D S', G', G'↘S', R' S' N, (S') G' S', S' G' P', G' P' G' S', P' G'↘S', R' S' N P N G P N D S', S' N (D) N P S', (P) G, G↘(P G)S, G P, G S
4. P G P G R S, N D N D P G R S, G' R' G' R' S' N D P G R S, P' G' P' G' R' S' N D P G R S, G P N D S' N P G P G S
5. S' N S' G' S', S' G' P' G' S', P S' G P S', S' N↘P, P N D S', S' G' R' S', S' G' P' N' D' S'' N' P', (D') N' D' S'' N' P', (P) G P, (D) N P, (D) N↘(D)P, (P) G P, G↘(R)S

6. N D S', S'↘(R' S')G', G'↘(P' G')S', S' G' R' S' N P N D S', P N D S' N, S' G' P' G' P', G' P' N' D' N' P', G' P' G' S', N P, G P, G S

7. S' N D P G R 'N S G P N D S', S' G' R' P' G' P' N' D' S", S" N' P' N' D' S", S" N' P' G' P' G' S', S', N P, N D, S', N P, G P, G S

8. (P) S', (D) N, (P) G P S' N (D) P, (P) G P, G↘S, ('N) S P S, ('N) S (P) G P G S, (P) S', (D) N, (D) P, (P) G P, G↘S

9. ('N) S, (S) G P, (P) S' N P, (P) G P, G↘S, S 'N 'P, 'P 'N 'D S, (S) G P, G↘S, (P) S', S', (S') G' P', (P') D', (P') N', P' N' D' S" N' P', (P') G', G' P', G' S', S' N P N D S' N P G P G S

10. (M) P S', (N) S', S' R' S', S' M' G', S' M' (R') G', P' G', P' G' S', G' (S'), S' N P, (M) P N D S', S' N (R') S', S' N P G P N D S', S' N P G, P↘G, G P N P, G P↘(M) G, G P, G↘(R)S

11. (M) P S', S', (D) N R' S', N S', (N) S' G', (R') G' P', (P') G' P', G'↘S', (N) S', (D) N P, (P) G P, S' N↘P, R' S', S' N P, (P) G P, G↘(R)S, G P, G S, G↘S

12. P S', S', S' R' S', (N) S', N↘P, (M) P S', S N S, S' (R') G', G' P', (P') G', P' (M') G', (P') G' P' G'↘S', (S') P N D S' N, D N, (D) P N, (D) N S', S' N, D N, (D) P, (P) G, G P, G P G S, P G S, G↘S

13. G'↘S', G'↘(R')S', (S') G' R' P' G', S' G' P' R' P' G', G', P' G' R' S', S' N P, P N D S', N, (P) G, G P, G S, G↘(R)S, G↘S

~0~

51. SHRI

Aaroh	S r r, S, r, Ḿ P N S’
Avroh	S’, N d, P, Ḿ G r, G r, r, S
Pakad	S, r r, S, P, Ḿ G r, G r, r, S
Vaadi	r (Komal Rishabh)
Samvaadi	P (Pancham)
Vikrut	r (Komal Rishabh) d (Komal Dhaivat) Ḿ (Teevra Madhyam, in Aaroh and Avroh)
Varjit	G (Gaandhaar) and D (Dhaivat) in Aaroh
Jaati	Auduv—Sampoorna
Thaat	Poorvi
Samay	Suryaast Ka Prahar

1. S, r r S, Ḿ P, Ḿ P d Ḿ P, Ḿ G r, Ḿ G, r, S, ‘N r S, S
2. S ‘N S G r Ḿ G r, P Ḿ G r, d Ḿ G r, S ‘N r S r r S (G) r r S, Ḿ G r S Ḿ P d P Ḿ G r S ‘N r S
3. r S, G r S, Ḿ G r S, Ḿ P d Ḿ G r S, N d P Ḿ P d Ḿ G r S, S’, N d P Ḿ P d Ḿ G r S
4. S ‘N S r ‘N ‘d ‘P ‘N ‘d, ‘P, ‘Ḿ ‘P ‘N S r G r Ḿ Ḿ G r d Ḿ G r, N d P Ḿ d Ḿ G r P Ḿ G r Ḿ G r G r S ‘N r S, S, r r, S, P, Ḿ G r, G r, r, S (G) r r S
5. ‘N S r S, Ḿ P, Ḿ P d P, N d, P, S’ N d P, r’ N d P, Ḿ P d P Ḿ G, r, r’, r r’, r’ P’ r’ r’ P’, P’ Ḿ’ G’ r’, Ḿ’ G’ r’ G’ r’ S’, N S’ r’ S’, G’ r’ S’, Ḿ’ G’ r’ S’, Ḿ’ P’ N S’ r’ N r’ S’, P’ r’ P r, S
6. ‘Ḿ ‘P ‘d ‘P ‘N ‘N S ‘P ‘N S ‘N S r S Ḿ G r S, d Ḿ G r S N d P d Ḿ P G r Ḿ G r G r S, Ḿ P N d P Ḿ G r S ‘N ‘P ‘d ‘P ‘Ḿ, ‘P, ‘P ‘Ḿ G r S

7. ḾḾP, PPd, NN, S', S'r'S', r'G'r'S', Ḿ' G'r'S', P'Ḿ'G'r'S', S'r', Nd, NdPḾPN S', G'r'S'r'NdP, ḾPdḾGrḾGr, ḾGr, Gr, r, S, 'NrS, S

8. SPdPNdPS'NdPḾdḾGrdḾGrḾGrGr S, P, Ḿ, d, ḾG, r, dḾGr, ḾGr, Gr, S

9. Pd, P, N, N, S', S', S'r'S'r'G'r'S', Ḿ'G' r'S'P'Ḿ'G'r'S', P'Ḿ'G'r'S, Ḿ'G'r'S, r'G'r' S', S'r'S', S'r'NdP, PḾPNS'G'r'S', r'N dPḾPdḾGrḾGrGrS, 'NrS

10. SPdPNdPS', Nd, P, Ḿ, d, ḾG, r, d Ḿgr, ḾGr, Gr, r, S, SPdPNdPS'NdP ḾdḾGrdḾGrḾGrGrS

11. SrS, SrGrS, SrḾGrS, SrPḾGrS, Sr dḾGrS, SrNdPḾGrS, SrS'NdPḾGrS, SrGrSḾGrS, SrGrSḾGrSPḾGrS, Sr GrSḾGrSPḾGrSdḾGrS, SrGrSḾGrS PḾGrSdḾGrSNdPḾGrS, SrGrSḾGr SPḾGrSdḾGrSNdPḾGrSS'NdPḾGr S, S', Nd, P, ḾGr, Gr, r, S, rr, S, P, ḾGr, Gr, r, S

12. S(G)rrS, S(G)rrSrḾPNS', S'NdPḾGr GrrS, SS', S', S'r'S'r'G'r'S'Ḿ'G'r'S'P'Ḿ' G'r'S', S'S, S'N'd'P'Ḿ'G'r'G'r'r'S, 'S, 'S SS'S'SS, S(G)rrS, SrGrSḾGrSPḾGrS dḾGrSNdPḾGrSS'NdPḾGrS, S(G)rr S, S

13. 'NSPrPḾPNdPS', NdPr'NdPḾPNS'r' S'Nr'S', S'NdPḾGrGrrS, S, rr, S, P, ḾGr, Gr, r, S

~0~

52. SHUDDHA KALYAAN

Aaroh S, R G, P D S'
Avroh S' N D P, Ḿ G, R, S
Pakad G, R S, 'N 'D 'P, S, G R, P R, S
Vaadi G (Gaandhaar)
Samvaadi D (Dhaivat)
Varjit Ḿ (Teevra Madhyam) and N (Nishaad) in Aaroh

[Some omit Madhyam and Nishaad in both Aaroh and Avroh.]

Jaati Auduv—Sampoorna
Thaat Kalyaan
Samay Ratri Ka Pratham Prahar

1. S, R G, P D S', S' N D P, Ḿ G, G, R S, 'N 'D 'P, S, G R, P R, S
2. (S) G, G R (S) R, G R S, ('N) S, R (S) R G R S, ('N) S, 'N 'D, 'P 'Ḿ, ('Ḿ) 'P 'G 'P, 'P↘('Ḿ) 'G, 'G 'P 'G ('D) S, ('N) S
3. (S) G R S R S, 'N S, 'N 'D, 'N, 'D, 'P, ('N) S, G R, G (P) G, (P) G P (G) R, S, S G (R) G R, (R) P↘(Ḿ)G, ('N) S R G R, S R G R ('N) S, ('N) S R 'D S
4. ('Ḿ) 'P 'D 'P 'G, 'G 'R, 'Ḿ 'G, 'R, 'S, 'S 'R 'G 'P, ('P) 'G 'P, ('G) 'P, ('P) 'G 'P 'D S, ('N) S R G, P D S', (N) S' R' S', S' R' G' R' S', (S') G' P', P' (D') S", P' D' S" N' D' P', P' D' P', D' P', P'↘(Ḿ')G', G' P', P' Ḿ' G', R', S', (N) S' N D, P'↘(Ḿ')G', R S
5. (N) S' N (D) S', (N) S' R' S' (N) R' G' R' S' R', S'↘(N D P Ḿ)G, (P) G P, S'↘(N D)P, (P) G, G R, P R, S

6. G, G R, G R S, S, S 'N 'D 'P, 'P↘('Ḿ) 'G, 'G ' R 'S, 'S, 'S 'R 'G, 'G ('P), 'P 'D S, ('N) S 'N 'D S, (S) G R P R S, ('N) S R S 'N 'D, 'N↘('D 'P 'D) 'P, 'P (Ḿ), 'Ḿ 'G, 'G 'R, 'G 'R S, S R G R P R S, S R G P, P (D) S', S', S'↘D, (D) S', S' R' G' R' S', (N) S' G' R' S', (S') R' S' (N) S' G' R' S', S' N D P, (G) P↘(Ḿ)G, G, R S, 'N 'D 'P, S, G R, P R, S

7. (G) P, S'↘D, P D S', S' R' G' R' (N) S' R' S', S' N, (S') N D P, P↘(Ḿ)G, G (P) G, (P) G P G, G R S, R, S

8. G R, G S, R G R S, ('N) S, (S) 'D, 'P, 'Ḿ 'G, 'R, 'S, 'S ('R) 'G, 'G 'P 'D ('P), 'P 'D S, S (R) G (P), P D S', (N) D S', S' (N) D P, (P) D P↘G R, (G) R G R S, (S) G R, P R S

9. Ḿ G, P, Ḿ P, (Ḿ) P D (P), P↘(Ḿ)G, (P) G P G, (G) R G, (G) Ḿ G, Ḿ G P Ḿ P, (P) D P D S', N D, P↘(Ḿ)G, (G) R G S

10. G R S R S G P D S' N D P, P↘(Ḿ)G, G R G S 'D 'P 'Ḿ 'G, 'G ('P) 'G 'R, 'P 'R, 'S, 'S S S', (N) S' R' S' G' R' S', G' R' S' R' S' G' P' D' S'' N' D' P', P'↘(Ḿ')G', G' R' G' S' D P Ḿ G, R S, S S' S'' S' S 'S S

11. 'S 'R 'G 'R 'S, 'S 'R 'G 'P 'D S 'N 'D 'P 'Ḿ 'G 'R 'S, 'S S, S R G R S, S R G P D S' N D P Ḿ G R S, S S', S' R' G' R' S', S' R' G' P' D' S'' N' D' P' Ḿ' G' R' S', S'' S' S 'S, 'S, S, S', S'', S', S, 'S

12. 'S S, S S', S' S'', R' S'', G' S'', P' S'', D' S'', S'', S'' N', S'' D', S'' P', S'' Ḿ', S'' G', S'' R', S'' S', S' S, S 'S

13. S, (S) R G, (R G) PD S', (P D S') S' N D P, (S' N D P) Ḿ G, (Ḿ G) R, (R) S, S

~0~

53. SHYAAM KALYAAN / SHYAAM

Aroh 'N S R, G Ḿ P, N S'
[Some omit G, making it as 'N S R, Ḿ P N S']
Avroh S' N D P, Ḿ P D P, G M P, G M R, S, 'N S
Pakad S R P, G M R S, 'N S
Vaadi S (Shadaj)
[Some consider Vaadi as Rishabh (R)]
Samvaadi M (Madhyam)
Madhyam Both Madhyam (Ḿ, M)
[Some also use both Shuddha and Komal Nishaad (N, n)
Varjit D (Dhaivat) in Aaroh
Jaati Shaadav—Sampoorna
Thaat Kalyaan
Samay Raatri Ka Pratham Prahar
[Some consider Raag Shyaam/Shyaam Kalyaan as a mixture of Raag Kedaar, Raag Hameer, and Raag Gaud Saarang.]

1. S, 'N S, M↘R, 'N S, R, Ḿ P, D P, M↘R, 'N S, S
2. 'N S, S, R, Ḿ P, P D P, Ḿ P D P, M↘R, 'N S, (M) R Ḿ P, G M R, 'N, S, G M P D Ḿ P, G↘(M P G M)R, R↘(M)R, 'N S, S
3. Ḿ P S', S', (N) S' R' S', (N) S'↘D, (S') D↘(N)P, (P) Ḿ P, N (D) Ḿ P, (P) Ḿ P D P, D Ḿ P, M G, M R, G M R 'N S
4. (Ḿ) P S', S', S' R' S', S'↘D↘P, (P) D↘(Ḿ)P↘M G, G M P, G M R, S
5. S, 'N S, (G) M (R) G (R) 'N S, (M) R (P) Ḿ P, (P) D↘Ḿ P↘(M) G, (G) M R S, (S) 'D↘('n) P, (P) Ḿ P, (P) D Ḿ P, (P) Ḿ R, Ḿ P, (Ḿ) P M G, G M P, G M R, S, 'N S

6. ḾP, MG, ‘NS, (M)R, (P)ḾP, P↘MG↘(M R)S, (‘N)S↘‘D, ‘nP, (‘Ḿ)‘P, ‘P↗S, (‘N) S↗D↘P, (P)D↘(Ḿ)P↘MG, (G)M↘R, RS, S (‘N)S, (‘N)‘D↘‘n‘P, ‘P‘D, (‘D)‘Ḿ‘P↗S, S

7. ‘N, S, ‘NSRMR‘NSRḾPDPḾPGRPGM R‘NS, ‘N, S

8. (‘N)S↘‘P, ‘P, ‘P‘NSR‘NSMGMR‘NSḾPD PḾPMRPGMR‘NS, (‘N)S↘‘P, ‘P

9. S, ‘NS, ‘P‘NS, R‘NS, MR‘NS, GMR‘NS, MGMR‘NS, ḾPR‘NS, ‘NR‘NS, ‘NS, S

10. ‘NSRḾPNS’, S’NDPḾPDPGMPGMRS ‘NS, S↗S’, NS’R’NS’, S’R’NS’, NS’R’M’ R’NS’, S’NDP, NDP, ḾP, DḾP, MG, GMPDḾP, GMP, GMR, S, ‘NS, ‘NSR ḾPNS’, S’NDPḾPDPGMPGMRS‘NS, S↗S’↘S, S

11. M, M↘R‘NS, R↘(M)R, M↘R, P↘(GM)R, G↘(MPGM)R, S

12. S’ḾPDPGMPDPḾGMPGMRSR‘NS

13. S↗Ḿ, ḾPDP, D↘Ḿ↘P(M)G, (G)P↗S’, S’, PNS’, S’R’S’, NDP, ḾP, ḾPDP, ḾP(D PG)MP, GMRS, SRP↗NS’, S’, S’↘D(n) P, (P)ḾP, N(D)ḾP, (P)ḾPDP, P↘GM R, S, S↗Ḿ↘S, S

14. (SR)MR, SR, (R)‘NS(M)R, SRP, (P)Ḿ P, (Ḿ)PR’S’, S’↘D↘(n)P, (D)PR’S’, S’↘D, (D)Ḿ↘P, DP, (R)MRS, ‘NS

~0~

54. SOHANI

Aaroh	S G, Ḿ D N S'
Avroh	S' r' S', N D, G, Ḿ D, Ḿ G, r S
Pakad	S', N D, N D, G, Ḿ D N S'
Vaadi	D (Dhaivat)
Samvaadi	G (Gaandhaar)
Vikrut	r (Komal Rishabh) Ḿ (Teevra Madhyam, in Aaroh and Avroh)
Varjit	P (Pancham) in Aaroh and Avroh
Jaati	Shaadav—Shaadav
Thaat	Maarvaa
Samay	Ratri Ka Antim Prahar

1. S G, Ḿ D N S', S' r' S', N D, G, Ḿ D, Ḿ G, r S
2. S G, Ḿ D N S', S' r' S', S', N D, Ḿ D N D, G, Ḿ G, r S
3. S G Ḿ G, D Ḿ G, N D Ḿ G, Ḿ D N S', N D, Ḿ D N D, Ḿ G, Ḿ G r S
4. 'N S G Ḿ G, Ḿ G, N D Ḿ G, r', S' r' S', r', S', N, D, Ḿ D, N D, Ḿ D N S' N D, Ḿ D N S' N D G Ḿ D G Ḿ G r S, S
5. 'N S G Ḿ G, Ḿ G, Ḿ D N D, N D Ḿ G, Ḿ D N S' N D M G, Ḿ D Ḿ G N D Ḿ G Ḿ D N S', N D, Ḿ G, D, Ḿ G, Ḿ G r S
6. 'N S G Ḿ G Ḿ D N S', S' N D Ḿ G D G Ḿ D N D Ḿ D N S', S' r' S', r' r' S', N D, D, Ḿ G Ḿ D N S', r' r' S', S' r' S', N D, N D, Ḿ G, D, Ḿ G, Ḿ G r S, S

7. ‘N S r S, ‘N S G r S, ‘N S G Ḿ G r S, ‘N S G Ḿ D Ḿ G r S, ‘N S G Ḿ D N D Ḿ G Ḿ G r S, ‘N S G Ḿ D N S’ N D Ḿ N D Ḿ G r S, ‘N S G Ḿ D N S’ r’ S’ N D Ḿ G r S, ‘N S G Ḿ D N S’, S’, N S’ r’ S’, N S’ G’ Ḿ’ r’ S’, S’ N D Ḿ N D Ḿ G r S, ‘N S r S

8. S, ‘N S, r S, ‘N ‘D, ‘G, ‘Ḿ ‘D, ‘G ‘G ‘Ḿ D, ‘Ḿ ‘D ‘N ‘D, ‘N ‘D, ‘G ‘Ḿ ‘D, ‘G ‘Ḿ ‘D ‘S, ‘Ḿ ‘D ‘N S, S, r S, G, Ḿ G, N D, Ḿ G, N D Ḿ G, Ḿ G r’ S’, N, D, Ḿ D N D Ḿ G, S’, S’ r’ S’, G’, Ḿ’ G’, Ḿ’ G’, Ḿ’ G’ r’ S’, S’ r’ S’, N D, N D, G, Ḿ D, Ḿ G, r S, Ḿ G r S, S

9. S r S ‘N ‘D ‘Ḿ ‘D ‘N S, ‘Ḿ ‘D S, ‘G ‘Ḿ ‘D S, ‘G ‘Ḿ ‘D ‘N S, r S, ‘Ḿ ‘D ‘N ‘D ‘Ḿ ‘G, ‘G ‘Ḿ ‘D ‘N S r S, ‘N S G Ḿ D N D Ḿ G, N D Ḿ G r S, S G Ḿ D N S’ r’ S’ N D Ḿ G r S

10. S G Ḿ D S’ r’ S’ G’ r’ S’, Ḿ’ G’ r’ S’ r’ S’ N D, M D N S’ N D, G Ḿ D G Ḿ G r S, ‘N S r S, ‘N ‘D, ‘G, ‘Ḿ ‘D, ‘Ḿ G, ‘r ‘S, ‘S ‘G, ‘Ḿ ‘D ‘N S, S G Ḿ D N S’, S’ r’ S’, N D, G, Ḿ D, Ḿ G, r S

11. S’, S’ N S’ D N S’, Ḿ D N S’, G Ḿ D N S’, S’ r’ S’, r’ r’ S’, G’ G’ r’ S’, Ḿ’ Ḿ’ G’ r’ S’, S’ G’ Ḿ’ G’ r’ S’, r’ S’, N D, Ḿ D, Ḿ G, N D Ḿ G, Ḿ G r S, N D Ḿ G, Ḿ D N S’, S’

12. S’ r’ S’ N D, S’ Ḿ’ G’ r’ S’, G’ Ḿ’ G’ r’ S, r’ S’ N D Ḿ D N D, G, G’, G’ Ḿ’ G’ r’ S’, G’ r’ S’ r’ S’, N D, Ḿ D, N D, Ḿ G, N D Ḿ G D Ḿ G, D M G Ḿ G r S, S r S ‘N ‘D, ‘Ḿ ‘G, ‘N ‘D, ‘Ḿ ‘D, ‘N ‘D ‘Ḿ ‘G ‘D ‘Ḿ ‘G, ‘D ‘Ḿ ‘G ‘Ḿ ‘G ‘r ‘S, ‘S, ‘S S S’ S ‘S S, S r S, S

13. S G Ḿ G N D Ḿ G S’, N D Ḿ D N D Ḿ G r’ S’, r’ S’, S’ r’ S’, Ḿ’ G’ r’ S’, S’ N D Ḿ D N D Ḿ G, G Ḿ D G Ḿ G r S, ‘N S r S, S

~0~

55. TILAK KAAMOD

Aaroh S R G S, R M P M P, S'
Avroh S' P D M G, S R G, S 'N
Pakad 'P 'N S R G, S, R P M G, S 'N
Vaadi R (Rishabh)
Samvaadi P (Pancham)
Varjit D (Dhaivat) in Aaroh
[Some use both Teevra and Komal Nishaad. Some use only Komal Nishaad and then call this as Raag Bihari.]
Jaati Shaadav—Sampoorna
Thaat Khamaaj
Samay Raatri Ka Doosra Prahar

1. S, 'N S, G, S, P M G, S, D M G, S, S', P D M G, S, S' R' S', P, D M G, S, 'N, 'P 'N S R G S, S
2. S', N S', P N S', M M P P N N S', R', M' G' R', P' M' G' R', S' R' G', S', P D, M G, S R G S 'N, 'P 'N S R G, S 'N, ('D 'P) 'M 'M 'P 'P 'N 'N S, 'P 'N S, R 'N S, R G R M G R S R G S, D M G R P M G R S R G S, S', P D, M G R, P M G R S R G S, 'N, 'P 'N S R G S, S
3. S, R G S, P M G, S, D, M G, S, S', P D, M G, S, S' R' S', P D, M G, S, 'N S R, 'P 'P 'N S R, M G R, P M G R, D M G R, S', S' P D M G, P M G R, S, R G, S, 'N, 'P 'N S R S
4. S R G S, R M P M P, S', S' R' G' R' P' M' G' R' G', N S', S' P D M G, S R G, S 'N, 'P 'N S R G S, S
5. P N S' R' N S', P N S' R' G', N S', P N S' R' G' S' R' M' G', N S', P N S' R' G' R' P' M' G' R' G', N S', P N S' R' N S', P D M G R G 'N S, R M P S', P D, M G, 'N, 'P 'N S R G, S

6. 'N S R G S, 'N S R P M G R G S, 'N S R G M P D M G R G S, 'N S R M P S' P D M G R G S, 'N S R M P N S' R' G' S' P D M G R G S, 'N S R M P N S' R' G' S' R' P' M' G', N S', P D M G, S 'N, 'P 'P 'N S R G S, S
7. S, 'N S, G, S, P M G, S, D M G, S, S', S' R' G' S' R' M' G', N S', P N S' R' G' R' P' M' G' R' G', N S', P N S' R' N S', P D M G R G 'N S, 'N, 'P 'N S R S, S
8. 'P 'N S R G, S, R P M G, S 'N, 'P 'N S R G S, S S', S' R' G' S', S' R' P' M' G', S' R' G' R' P' M' G', S' R' G' R' P' M' G' R' G', S' P D M G, R P M G, S 'N, 'P 'N S R G, S
9. R R M M P P, M M P P N N S', N S', P N S' R' G' S' R' M' G', N S', P N S' R' G' R' P' M' G' R' G', N S', P N S' R' N S', S' P D M G, R P M G S 'N, 'P 'N S, 'P 'N S R S, 'P 'N S R G S, S
10. S, 'N S, 'P 'N S, 'M 'P 'N S, 'G 'M 'P 'N S, R 'N S, G R P M G, S R G, S, 'N, 'P 'N S R G, S
11. S S', S' R' G' S' R' M' G', S' R' G' S' R' M' G' R' G', S' R' G' S' R' P' M' G' R' G', S' R' N S', S' P D M G S R G S 'N, 'N S, 'P 'n S, 'M 'P 'N S, 'G 'M 'P 'n S, R 'N S, S R G S R M P M P S', S' S
12. S R G S R M P M P S', S' P D M G S R G S 'N, 'P 'N S R G S R P M G S 'N, 'P S P S', S' R' G' S' P D M G R G S, 'N S, 'P 'N S R G S

~0~

56. TILANG

Aaroh S G M P N S'
Avroh S', n, P, M G, S
Pakad n P, G M G, S
Vaadi G (Gaandhaar)
Samvaadi N (Nishaad)
Vikrut n (Komal Nishaad) in Avroh
Varjit R (Rishabh) and D (Dhaivat) in both Aaroh and Avroh
Jaati Auduv—Auduv
Thaat Khamaaj
Samay Raatri Ka Doosra Prahar

[A variant of this Raag is known as Tilang Kaafi.]

1. 'N S G M P, n P, S' n P, G M G, P G, M G S
2. N S', n P, S' n P, G' M' G', G' M' G' S', S' n P, G M G, P G M G, S, S G, G M P, n P, G M G, P G M G, S, 'N S, G M P, G M G, n n P, (P) n n P, S' n P, G M G, S
3. S, G M P G M G, 'N S G, G M P N N S', (P) n n P, S' n n P G M P, n P, (P) n P, G M G P M G, G M P G M G, S, S G M P N S', S' G' S', N S', N S' G' S', M' G' S', S' G' M' P', (P') n' n' P', n' n' P', S'' n' n' P', S'', n', P', n' P', G' M' G', S', S
4. (P) n P, G M G, S, S G M P G M G S 'N S G M P N S', S' G' S' M' G' S' G' M' P' G' M' G' S', S' n P M G S G M P N S', S' n P M G S
5. P N S' S', S' n P, S', S' n P M G, (G, R) G, (M, D) M, P n P S', S' S' n P, n, n P, (P) n P, M M G, G M P G P M G, 'n S, 'n S G M, P G M G, M P N N S' P N S', S' n P, G M G, S

6. 'S 'G 'M 'P 'N S G M P N S' G' M' P' N' S", S" n' P' M' G' S' n P M G S 'n 'P 'M 'G 'S, 'S S S' S", S" S' S 'S, S

7. S G M P, P N S', S' n P, (P) G M G, (G) M G, P M G, S

8. G M P N S', N S', S' G' S', M' G' S', S' G' S' M' G' S', n n P, n P, G M P N S', G' M' G', S', S' G' M' P', N' S", S", S" n' P', n' P', G' M' G', S', M' G' S', G' M' G' S', S', S' n n P, n P, G M G, M G S, S G M G S, S G M G M G S, G M G S, G M G, S

9. (G) M G M P N S', (S') N S' S', (n) P N N, (N) S', n P, (P) G M G, (S) 'N S, (P) G M P (S') N S', G', G' G' M' G', G' M' P', N' S", N' S", S", S" n' P', (P') G' M', P' G' M' G', P' M' G' S', S', (S') n P, n n P, G M G, S, P M G M G P M G, MG, S

10. S, 'n, 'P, 'M 'G, 'S, 'S 'G 'M 'P 'N S, (S) 'n 'P, 'G 'M 'G, 'S, 'S 'G 'S 'M 'G 'S, 'M ' G 'S, 'S 'G 'S, 'S 'G 'M 'P, 'N S, S, S G M P N S', S', n, P, M G, S, 'N S, G, G G M G, G M G G, G M P (D) N S', N S' S', S', S' G' M' P' N' S", S", n', P', M' G', S', S' n P, n P, G M G, G M G S, S, S 'n 'P 'M 'G 'S, 'S 'G 'M 'P 'N S, S G M P N S', S' G' M' P' N' S", S", S', S, 'S, S

11. 'N S G M P G M G M G S, 'N S G M P G M P G M G S, 'N S G M P G M G P G M G S, 'N S G M P G M P G P G M G S, 'N S G M P G M G P G P G M G S

12. (P) S', S' n P, (P) G M P (G) M (R) G, (M) G M P (P) n n P, M G (M) G S, M G M P G M (M) n P, P N S', (S') N N S', (N) S' S' n P, (G) M G , G M G (R) S, P (G) M (R) G, S

~0~

57. TODI

Aaroh S, rg, ḾP, d, NS'
Avroh S'NdP, Ḿg, r, S
Pakad 'd, 'NS, r, g, r, S, Ḿ, g, r, g, rS
Vaadi d (Komal Dhaivat)
Samvaadi g (Komal Gaandhaar)
Vikrut r (Komal Rishabh)
g (Komal Gaandhaar)
Ḿ (Teevra Madhyam)
d (Komal Dhaivat)
[Pancham is used sparingly.]
Jaati Sampoorna—Sampoorna
Thaat Todi
Samay Din Ka Doosra Prahar

1. 'd, 'NS, r, g, r, S, Ḿ, g, r, g, rS, S 'NS, 'd'NSrg, ḾdNS', NdPḾgrS, 'N S, rS, g, r, S, 'N, Srg, Ḿg, dḾd, r g, r, S, 'Nr, S
2. 'N, Srg, Ḿg, P, Ḿd, P, ḾPd, Ḿg, d, Ḿg, r, S, 'Nr, S, 'N'N, Srg, Ḿg, dḾ d, ḾdNd, P, ḾPdḾP, Ḿg, d, Ḿg, r g, r, S, 'Nr, S
3. Srg, rg, Ḿg, dḾg, Nd, P, ḾPd, Ḿ g, r'NdNd, P, ḾPdḾP, Ḿd, dḾg, 'd 'NSrg, Ḿg, dḾg, rg, r, S, 'NrS
4. SrS, SrgrS, SrgḾgrS, SrgḾPḾgrS, SrgḾPdḾgrS, SrgḾPdNdPḾgrS, S rgḾPdNS'NdPḾgrS,'N'N, Srg, rS, S rS
5. 'NSgḾP, gḾP, dP, Nd, P, S', Nd, P, ḾPdNdP, ḾPdḾPḾg, 'N, Srg, dḾg, rg, r, S, 'N, Srg, rS

6. S, 'N S, r, 'N 'd, 'N d, 'Ḿ 'd, 'N S, 'd 'N S, r g r S, Ḿ g, r, S, Ḿ d N d, P, Ḿ d Ḿ g, r, S, 'N, S r g, r S, S, 'N 'd, 'N 'd, 'P, 'Ḿ 'P 'd, Ḿ 'g, 'Ḿ 'd, 'N, 'd 'N S, r g r S, d N d P Ḿ g, r S, 'N S g Ḿ d N S', N d P Ḿ g r S, 'N 'N, S r S

7. 'N S g Ḿ d N S', d N S', r' S', g', r', S', N S' r', N d, r' N d, N d, P, Ḿ d N S' r' g' r' g' r' S', N d, N d, P, Ḿ P d N d P, Ḿ P d, Ḿ g, d Ḿ g, r g, Ḿ g, r, S, 'N r, S

8. Ḿ g, Ḿ d, N, S', S', N S', N d, N S', r' g', r', S', N, S', r', N d, N d, P, g', Ḿ' g', r', S' N, S', r', N d, Ḿ d N S', r', N d, N d, P, Ḿ P d N d, P, Ḿ P d, Ḿ g, d, Ḿ g, r g, r, S, 'N r S, S r g, S r S, r S, 'N r S, 'N r, S

9. S, d, d, N d, P, Ḿ P, Ḿ d, N, r' N, d, P, Ḿ P d, Ḿ g, r g, r, S, S, r g, Ḿ P, d, N S', S' N d P, Ḿ g, r, S, 'd, 'N S, r, g, r, S, Ḿ, g, r, g, r S

10. Ḿ g, Ḿ d, S', S', r', S', r' g' r' S', Ḿ' g', P', Ḿ' g', r', S', N S', r', N d, r' N d, P, Ḿ d N d, P, Ḿ P d, Ḿ g, g', r', S', N S' r', N d, N d, P, Ḿ d N d, P, Ḿ P d, Ḿ g, r g, d, Ḿ g, r, S, 'N r S, 'N r, S

11. r g (P) Ḿ g, (P) Ḿ d, d, (S') N S', N d (P) Ḿ g, g Ḿ g r S, 'd S, 'd, 'd ('Ḿ) 'g, 'r, 'S, 'S ('r) 'g ('Ḿ 'P) 'd, 'N S, 'd ('N) S, S S', S' r' N d N S', S' (r') g' (Ḿ' P') d', N' S", d' (N') S", S" S', S' S, S 'S, 'S S S' S" S' S 'S, 'S 'r 'g 'Ḿ 'P 'd 'N S, S

~0~

58. VIBHAAS

Aaroh S r G, Ḿ G, P D N D S'
Avroh S', N D, Ḿ D, Ḿ G r S
Pakad Ḿ D S', S' r' N D P, Ḿ D N D, Ḿ G, r S
Vaadi D (Dhaivat)
Samvaadi G (Gaandhaar)
Vikrut r (Komal Rishabh)
Ḿ (Teevra Madhyam)
Varjit P (Pancham) in Avroh
[Some exclude P in Aaroh and Avroh.
Some include P in Avroh and make it as S', N D, Ḿ D, P G, Ḿ G r S
Some make M and N as Varjit making Aaroh as S r G P D S' and Avroh as S' D P G r S. Then the Pakad is G P D P, P G P r, r S.
Some consider that making D as d, makes it of Bhairav Thaat.]
Jaati Sampoorna—Shaadav
[Sampoorna—Sampoorna, if P is included in Avroh
Shaadav—Shaadaav, if P is excluded in Aaroh and Avroh
Auduv—Auduv, if M and N are excluded in Aaroh and Avroh.]
Thaat Maarwaa
Samay Praatah Kaal
[Some consider Raag Vibhaas fuses Raag Deshkaar and Raag Gauri.]

1. 'N, r G, Ḿ G, r S, G P, G P D, Ḿ G, P G, r S, S, 'N, r G, P G, r S, 'N 'D, 'Ḿ 'D, S, r S, (P) G P, P D, P↘G, Ḿ G r S, 'N r G P G R S, 'r 'D, 'D S, (S) r S, Ḿ D S', S', r' S', N r' G' r' S', S' r' N D, Ḿ G, P G, r S, S 'N r, G P, G r S

2. P D S', N r' S', N r' G' S', G' P', P' G' r' S', G' r' S', r' S', P D, P D P, D P P G r S, G P G r' S, P G, P D, D G P G r S, r S

3. G P, Ḿ D, S', N r' G', (r') G' r' S', N r' N D, (D) N D, (D) Ḿ↗S', S' Ḿ, (Ḿ) D, (Ḿ) G r, (G) r (Ḿ) G (D) Ḿ D, G P, (Ḿ) N (D) N D P, P (Ḿ) P D P G r, S

4. (S) 'N r G, (G) P↘r S, ('N) S, (S)↘'D, ('D) S, (S) 'D S, (S) r G, (G) P↘G, (P) G P, P, D, (D) Ḿ D, Ḿ G, (G) P G r S., S r 'N 'D, Ḿ D N D, r S

5. S, P G, G Ḿ D S', N D P, P D S', D P, Ḿ D S', N r' S', r' S', N r' G', G' P', P' G' r' S', G' P' G' r' S', P' D' S'', S'' (N') D', D'↘P', P' D' P', Ḿ' D', N' D' N' P', Ḿ' D' P', G' P' G' r' S', P D, G P, r G P, r G Ḿ D N D Ḿ G P, N D P, P D P, P G r S

6. S 'N r G P, G S 'N r 'D, 'D↗S, (S) r G, (G) P, G P, Ḿ D, (D) P G, G r S, G P, Ḿ D S', S'↘P, (Ḿ) P D P, G r S, S↘'D, ('D) 'Ḿ 'D, ('D) 'Ḿ 'D 'Ḿ S, r G Ḿ D N D Ḿ G P, (P) N D P, P D P, (P) G r S, P G, r S

7. S 'N r G P G (r) S, r↘(S 'N)'D, 'D, ('P) 'G 'P, 'D 'P, 'G 'r 'S, 'S, 'r 'S, 'G 'P, 'Ḿ 'D, 'D 'N 'D, 'N 'D, 'P 'D 'P, ('N) 'D S, S

8. (G) P G P, (Ḿ) P D P↘G , (Ḿ) r G P G r S, S r, 'N 'D, 'D 'Ḿ 'D, 'N ('D) 'P, (S) 'D S, G Ḿ D S', S' r' N D P, Ḿ D N D, P G, Ḿ G, r S, S↘'D, 'P 'D 'P, 'D 'P, 'G 'r, 'G 'P, 'P 'G, 'r 'S, 'S, 'G 'P, ('Ḿ) 'P 'G 'P, 'P 'D, 'D 'N 'D, 'P 'D 'P, 'D↗S

~0~

59. YAMAN (AIMAN) / YAMAN KALYAAN

Aaroh S R G, Ḿ P, D, N S'
Avroh S' N D, P, Ḿ G, R S
Pakad 'N R G R, S, P Ḿ G, R, S
Vaadi G (Gaandhaar)
Samvaadi N (Nishaad)
Vikrut Ḿ (Teevra Madhyam).
[If both Teevra and Shuddha Madhyam (Ḿ, M) are used then it becomes Yaman Kalyaan.]
Jaati Sampoorna—Sampoorna
Thaat Kalyaan
Samay Raatri Ka Pratham Prahar

1. 'N R G, R S, S, 'N 'D, 'N 'D, 'P, 'P 'D 'N, 'D 'N, R, G R, 'N R G, R, 'N R, S
2. 'N R G R, S, P Ḿ G, R, S, S R G M P R, S R G Ḿ P R, S R G Ḿ P D N S' N D P Ḿ R, S
3. S G, R G, Ḿ G, P M G, D, D Ḿ G, N D, P Ḿ G, S, N D, P Ḿ G, D, P Ḿ G, R G, P, R, S, 'N R, S
4. S, R G, P, Ḿ, G, R, G M P D N D P Ḿ, D P Ḿ G, P M G R, P, R, S
5. S, 'N, 'D, 'P, 'N, 'D, 'P, 'N, 'D, 'N, R, G, R, G Ḿ P Ḿ G, R, P Ḿ G, R, G, R, 'N R, G, R, 'N R, S
6. S R G Ḿ P, G Ḿ P, Ḿ P, D P, N D, P, S', N, D, P, N D, P, Ḿ D, P, Ḿ, G, R, G Ḿ P Ḿ G, R, G, R, 'N R, S
7. S R S, S R G R S, S R G Ḿ P R, S, S R G Ḿ P D P Ḿ R, S, S R G Ḿ P D N D P Ḿ R, S, S R G Ḿ P D N S' N D P Ḿ R, S

8. S P, P, Ḿ D, P, P D, N D, P, D P, Ḿ G, D, P, Ḿ, G, R, P G R, G R, 'N R, S

9. G G, P D P, S', S', N R' S', N R' G' R' S', R' S', N D, P, Ḿ P, N D, P, S', N D, P, R' S', N D, P, Ḿ P, N D P, Ḿ P D P, Ḿ G, R, G Ḿ P D N D, P, Ḿ G, R, P Ḿ G, R, G, R, 'N R, S

10. P G, P D P, S', S', R' S', G' R' S', P' R', S', N R' G' Ḿ' P', R', S', R' S', N D, P, Ḿ P, N D, P, D, P, Ḿ G, R, G Ḿ P Ḿ G, R, G, R, 'N R, S

11. S R S, S R G R S, S R G Ḿ G R S, S R G Ḿ P Ḿ G R S, S R G Ḿ P D P Ḿ G R S, S R G Ḿ P D N D P Ḿ G R S, S R G Ḿ P D N S' N D P Ḿ G R S, S R G Ḿ P D N S' R' G' Ḿ' G' R' S', N R' G' R', S', S' R' G', Ḿ' P' Ḿ' G' R' S', R' S', S', N D, P, Ḿ P Ḿ G, R, S, 'N 'D 'P, 'N 'D, 'P, 'D 'P, 'N R G R, S, P Ḿ G, R, S

12. S 'N 'D, 'P, 'Ḿ 'G, 'R 'S, 'S, 'S 'G, 'R 'G, 'Ḿ 'G, 'P 'M 'G, 'D, 'D 'Ḿ 'G, 'N 'D, 'P 'Ḿ 'G, 'S, 'S 'R 'G, 'Ḿ 'P, 'D, 'N S, S, 'N R G R, S, P Ḿ G, R, S, S G, R G, Ḿ G, P M G, D, D Ḿ G, N D, P Ḿ G, S, N D, P Ḿ G, D, P Ḿ G, R G, P, R, S, 'N R, S, S R G, Ḿ P, D, N S', S', S' R' G' Ḿ' G' R' S', N R' G' R', S', S' R' G', Ḿ' P' Ḿ' G' R' S', R' S', S', S' R' G', Ḿ' P', D', N' S'', S'', S', S, 'S, S, S', S'', S'' N' D', P', Ḿ' G', R' S', S', S' N D, P, Ḿ G, R S, S, S 'N 'D, 'P, 'Ḿ 'G, 'R 'S, 'S, 'S 'R 'G, 'Ḿ 'P, 'D, 'N S, S

~0~

60. YAMANI BILAAWAL

Aaroh S, RG, ḾP, D, NS'
[Teevra Madhyam in Aaroh shows Raag Yaman.]
Avroh S', NDP, GMGR, S
Pakad P, Ḿ, P, GMGR, GRS
Vaadi S (Shadaj)
Samvaadi P (Pancham)
Madhyam Both Teevra and Komal Madhyam (Ḿ, M) are used
Jaati Sampoorna—Sampoorna
Thaat Bilaawal
Samay Praatah Kaal
[Raag Yamanee Bilaawal is a mixture of Raag Yaman and Raag Bilaawal.]

1. S, 'NS, SRGRS, 'P'D'NS, SGMRG, (M)G↘(M)RG, PḾP, GM, RG, GPMG, MRS, R, SRGRS, 'NS, S
2. S, SRG, ḾP, P, DND, S', ND, S', S'R' G'M'R'S', ḾP, S'DS', R'S'NDP, PDP, ḾP, MGRG, PMGMR, SRGRS, SRG, S
3. S, S'N'D, 'N'D'P, 'P, 'P↗P, PDP, ḾP, MGMR, S, GMRGPḾP, MGMRS, S'N 'D, 'P, 'P'D'NS, S
4. S, SRG, MG, PḾDP, GMGR, GRS, S, RG, R, S, 'N'D'N, 'D'P'D'NS, G, MG, PḾP, GMGR, GRS, S
5. ('N)S, G, (R)G(P)G(M)G, R, (P)G↗P, P, P↘G, R, (G)RG, SRGRS, RS, 'N'D'P, S'D S, SRS, GRS, S, ('N)S

6. S, ‘N R S ‘N, (S) ‘N R S, S, S↗S’, (S’) N D S’, R’ S’, N S’, N S’ R’ G’, Ḿ’ P’, Ḿ’↘(P’ P’ G’)M’, G’↘(R’ R’ G’)R’, (R’) N R’, S’, (S’ R’) G’, R’ S’, (P) S’, S’↘(N D)P, (Ḿ) P, D N S’ R’, S’, N D, N D P Ḿ, P↘G, M G R G, R, (R) ‘N R, S, (‘N) S, (S) M G, (P) G↗P↘(Ḿ)P, P Ḿ P, Ḿ P D N, S’ R’ G’ R’, R’ S’, S’ R’ G’ R’ S’, N S’ R’ G’ Ḿ’ P’ G’ M’ G’ S’ R’ G’ R’ S’, S’ N D P, (P) G M (R) G, R G M P, M G R S, (S) ‘N R S, ‘N R S ‘N, S
7. S, ‘N R S ‘N, S, S↗P↗S’, R’ S’, S’↘D S’, (S’) G (R’) S’, N (D) N P, (P) G P, (S’) D S’, S’, R’ S’, P D P, R’ S’, (S’) D P, P↗(D N)S’, S’↘P↘S, S, ‘N R S ‘N, S
8. S, S↗S’, S’, N D, S’, N S’, (N) S’ R’ S’, S’ R’ G’, G’ M’ R’ S’, S’ R’ G’ M’ R’ S’, G’ M’ G’ R’, G’↘(R’ R’ G’)R’, G’ R’ S’, S’, N D, N (S’) N D, P Ḿ, (D) P, G M G R, G R S, (‘N) S R S, S
9. S, S↗P, P D N S’, S R’, S’, N S’, N D P, N D, (Ḿ) P Ḿ (D) P Ḿ P, G R, (R) G R S, (S) ‘N S R S, G M G R, G R S, S
10. S, S R G R S, (‘N) S, S G, G P D N S’, S’ D P, P D N D, D P M, (M) G M, G M P M, P↘(Ḿ)P↘Ḿ G, M↘G R, G, (G) P, (P) M G M R, (R) ‘N R S, ‘N S, R S, S↘’D, (‘N) ‘D ‘N, ‘D (‘P) ‘D, ‘N ‘D ‘P, ‘P (‘Ḿ) P, (D) Ḿ↘G, S, (‘N) S, S R G R S, S
11. S’↘S↗S’, S’, S’↘P↗S’↘P↗S’↘P↗S’, S’↘P↗S’, P↗S’, S’ N D P G M G R S R G Ḿ P D N S’, S’, S’↘P, P, Ḿ, P, G M G R, G R S
12. S’, S’↘S↗S’, S’ R’ G’ P’ S’ R’ S’ R’ G’ R’ S’, N D, N (P) M G, M G, P R’ S’, N D P, P M, G R S (‘D) ‘N ‘D ‘P ‘D ‘N S R S R G R S, S↗S’↘S, S

~0~

APPENDIX

Excerpt from the Preface of my earlier published book "MERUKHAND: Svara Permutations" Volumes 1 & 2.

INTRODUCING THE TERM

"SAPTASVARO'AṢṬAKRAMAḤ (सप्तस्वरोऽष्टक्रमः)"

OR

"SAPTAKA SVARA AṢṬAKA KRAMA (सप्तक स्वर अष्टक क्रम)"

The Saptaka Svara-s are introduced in the Nāṭyaśāstra (chapter 28, shloka 21) as follows:

तत्र स्वराः
षड्जश्च ऋषभश्चैव गान्धारो मध्यमस्तथा ।
पञ्चमो धैवतश्चैव सप्तमोऽथ निषादवान् ॥ २१॥
– नाट्यशास्त्रम् अध्याय २८, श्लोक २१

The term "Saptasvaro'aṣṭakramaḥ (सप्तस्वरोऽष्टक्रमः)" or the "Saptaka Svara Aṣṭaka Krama (सप्तक स्वर अष्टक क्रम)" is herewith introduced for the very first time in Indian Classical Music, as follows:

तत्र सप्तस्वरोऽष्टक्रमः
षड्जश्च ऋषभश्चैव गान्धारश्चैव मध्यमो पञ्चमस्तथा ।
धैवतश्चैव निषादवान् अष्टमोऽथ षड्जश्च ॥

The Saptasvaro'aṣṭakramaḥ (सप्तस्वरोऽष्टक्रमः) or the Saptaka Svara Aṣṭaka Krama (सप्तक स्वर अष्टक क्रम) is defined as a term signifying an arrangement of the seven Svara-s in an octave format (स र ग म प ध न स), where the ending Ṣaḍja षड्ज (स) has double the frequency in Āroha आरोह (ascending), or half the frequency in Avroha अवरोह (descending), with respect to the frequency of the beginning Ṣaḍja.

Accordingly, the following are formed:

मंद्र अष्टक क्रम : स़ ऱ ग़ म़ प़ ध़ ऩ स

Mandra Ashtaka Krama : 'S, 'R, 'G, 'M, 'P, 'D, 'N, S

मध्य अष्टक क्रम : स र ग म प ध न सं

Madhya Ashtaka Krama : S, R, G, M, P, D, N, S'

तार अष्टक क्रम : सं रं गं मं पं धं नं सॅ

Taar Ashtaka Krama : S', R', G', M', P', D', N', S"

The term Saptasvaro'aṣṭakramaḥ (सप्तस्वरोऽष्टक्रमः) is new; however, neither the concept nor its application is new. The concept of an Ashtaka Krama is ancient and a widely accepted arrangement in Indian literature. The Indian literary history of more than 3000 years evidences the usage of the Ashtaka Krama. The Rig-Veda is arranged in the Ashtaka Krama. Devotional poetry is arranged in Ashtaka Krama. It has eight stanzas set to devotional music and is known as an Ashtakam. For example, Mahālakṣmyāṣṭakam, Satyanārāyaṇāṣṭakam, Śivāṣṭakam, Govindāṣṭakam, Gaṇeśāṣṭakam, Rāmāṣṭakam, Ambāṣṭakam, Annapūrṇāṣṭakam,

Bilvāṣṭakam, and many more. The venerated great sage Ādi Śaṅkarācārya created an Ashtakam of Ashtakam-s. He is also credited with writing dozens of Stuti Ashtakam-s. Hence, the concept of an Ashtaka Krama is not new.

Similarly, its application is also not new. In almost all music schools of India, it is common for students to practice the Madhya Ashtaka Krama स र ग म प ध न सं. Advanced students practice the Ashtaka Krama from स़ to स to सं to सॅ, as far as possible by them. However, no suitable term exists to describe this act of practicing the Svara-s in an octave arrangement. Loosely, it is described as a Saptaka, which is technically wrong, since a Saptaka contains seven notes, while an octave contains eight notes. Therefore, the need for a suitable term to describe the act of practicing eight musical notes is acutely felt. This need is fulfilled by arranging the seven Svara-s in an octave format, wherein it starts with Ṣaḍja (S) and ends with Ṣaḍja (S). The ending Ṣaḍja is of an increased (double) or decreased (half) frequency of the starting Ṣaḍja. This widely practiced octave format of the seven Svara-s is herewith given a name, which is Saptasvaro'aṣṭakramaḥ or Saptaka Svara Ashtaka Krama.

The Ashtaka Krama can also relate to other systems of music. For example, the Madhya Ashtaka Krama, being an octave format of the seven Svara-s, can easily be correlated with the Western Solfège octave system. The Western Solfège octave system starts with the musical note Do and ends with the musical note Do! (which is double in frequency of the starting Do). Similarly, the Madhya Ashtaka Krama starts with Ṣaḍja (स) and ends with Taar

Ṣaḍja (सं) (which is double in frequency of the starting Ṣaḍja).

The Śruti-s (श्रुति microtones) provide a fine-tuned understanding of the frequencies. The 22 Shruti-s used in the Svara Sargam are described by Dattila Muni in his text Dattilam. They are referenced by Bharata Muni in his text Nāṭyaśāstra, and also by Pandit Śārṅgadeva in his text Saṅgītaratnākara. The Saṅgītaratnākara (Chapter 3, shlokas 35 to 38) names the 22 Shruti-s as Chandovatī, Dayāvatī, Ranjanī, Ratikā, Raudrī, Krodhā, Vajrikā, Prasāriṇī, Prīti, Mārjanī, Kṣhiti, Raktā, Sandīpanī, Ālāpinī, Madantī, Rohiṇī, Ramyā, Ugrā, Kṣobhinī, Tīvrā, Kumudvatī, and Mandā. [Chandovatī...may be repeated here]

At the end, at the 23rd place, if the first-placed Shruti Chandovatī is repeated, then the Shruti-s continue further to their next existences. The last-placed Chandovatī is double in frequency than the first-placed Chandovatī. The first-placed Chandovatī has a Frequency (Hz) of 261.625, which is the same as the Western 12-TET Chromatic (C) tuning (0 cents), a nondiatonic scale with no tonic, and having twelve pitches, each a semitone above or below its adjacent pitches. The last-placed Chandovatī has a Frequency (Hz) of 523.250 (double of 261.625), which is the same as the Western 12-TET Chromatic (C) tuning (1200 cents). The first-placed Chandovatī begins the Shruti-s and the last-placed Chandovatī enables the Shruti-s, to continue towards their respective further existences. In this same manner, the Saptaka Svara Ashtaka Krama starts with Ṣaḍja, and at the end again places Ṣaḍja (having higher or lower frequency than the frequency of the first-placed Ṣaḍja), so that the Svara-s can continue to their next existences.

THE PHILOSOPHY OF THE TERM "Saptasvaro'aṣṭakramaḥ (सप्तस्वरोऽष्टक्रमः)"

Ṣaḍja is Agni (अग्नि fire). Agni enables the Ātmā (आत्मा soul) to take birth and rebirth. Because Ṣaḍja is Agni, it enables the soul of the Svara-s (स्वर आत्मा) to take birth and rebirth, from one existence to the next existence, from Ati Mandra, to Mandra, to Madhya, to Taar, and to Ati Taar existences.

Ṣaḍja (स) is essentially the same in all different musical scales, yet it has different frequencies. Due to the different frequencies, the Ṣaḍja at the beginning of an Ashtaka Krama is not the same Ṣaḍja at its end. Thus, technically Ṣaḍja is not repeated. If in Āroha आरोह (ascending) the Ashtaka Krama begins with स़ then it further continues to स, and then to सं, and then to सॅ. Similarly, in Avroha अवरोह (descending) it continues from सॅ to सं to स to स़.

The Nāradīyā Śikṣā (1.5.12) mentions Ṣaḍja as Agni:

पंचस्थानस्थितत्वेन सर्वस्थानानि धार्यते ।
अग्निगीतः स्वरः षड्ज ऋषभो ब्रह्मणोच्यते ।।१२।।
– नारदीया शिक्षा (प्रथमः प्रपाठकः पंचमी कंडिकाः १२)

Similarly, Saṅgītaratnākara (1.3.57-58) mentions Ṣaḍja as Vahni (वह्नि, another name of Agni):

ऋषयो ददृशुः पञ्च षड्जादींस्तुम्बुरुर्धनी ।
वह्निब्रह्मसरस्वत्यः शर्वश्रीशगणेश्वराः ।।५७।।
सहस्त्रांशुरिति प्रोक्ताः क्रमात्षड्जादिदेवताः ।
क्रमादनुष्टुब्गायत्री त्रिष्टुप्च बृहती ततः ।।५८।।
– संगीतरत्नाकर (१.३.५७-५८)

Agni enables the Ātmā आत्मा (soul) to take birth and rebirth. During conception, the Aatmaa takes birth in a lifeform via the Agni of the lifeform's parents. During death, the Aatmaa takes rebirth via the Agni of the funeral pyre. The Shatapatha Brahmana mentions this Kravyāda क्रव्याद (recycling) form of Agni, the fire of the funeral pyre that cremates corpses. It states that the funeral fire burns the dead body, yet from that same fire itself, the Aatmaa is reborn, and it gains life due to the heat of the Aatmaa's offerings of Agnihotra sacrifices.

The Śukla Yajurveda- Vājasaneyī Mādhyandina Śākhā- Śatapatha Brāhmaṇam (2.2.4.8) mentions:

स यत्र म्रियते । यत्रैनमग्नावभ्यादधति तदेषोऽग्नेरधि जायतेऽथास्य शरीरमेवाग्निर्दहति तद्यथा पितुर्वा मातुर्वा जायेतैवमेषोऽग्नेरधि जायते शश्वद्ध वा एष न सम्भवति योऽग्निहोत्रं न जुहोति तस्माद्वा अग्निहोत्रं होतव्यम् ।

– शुक्लयजुर्वेदीय वाजसनेयी माध्यन्दिनशाखीय शतपथब्राह्मणम् (काण्डम् २, अध्याय २, ब्राह्मण ४, कण्डिका ८)

[and whereupon his death I when he is placed on fire, then he is reborn out of that same fire, for only the body does the fire consume. As from his father and mother he is born, likewise from fire he is born. Verily, life is not possible for one who does not offer the Agnihotram; therefore, Agnihotram must be offered]

All Svara-s take birth via Ṣaḍja, and again all Svara-s take rebirth via Ṣaḍja. Without Svara Agnihotram, a Svara is born lifeless. With Svara Agnihotram, the Svara gains life and is born alive. By the truthful rendition of the Svara, the artist performs the Agnihotram of the Svara. When the artist renders a Svara truthfully, then the soul of that Svara (स्वर आत्मा) sounds itself within the artist, and he hears the sound of the soul of the Svara (स्वर आत्मनाद). At this time, the Svara Aaatma-Naada sounding within himself, and his outward rendition of that same Svara, become perfectly matched. There is no difference between them, they become fused and one. When this happens, then it is to be known that the artist has truthfully rendered the Svara. This truthful rendition of the Svara is the Svara Agnihotram (स्वर अग्निहोत्रं) due to which the Svara becomes alive. With truthful renditions of the Svara-s, the Svara-s are born and reborn via Ṣaḍja, and the artist traverses different musical scales up and down, in a truthful way. Thus, the artist becomes a devotee, a worshipper (उपासक) of Svara (स्वर उपासक).

Worshipping Svara-s, he realizes that a Svara is essentially his own light, his own voice, his own Guru, his own god, his own self-illuminating sun (Sva स्व = own; Ra र = sun). When this realization dawns in his mind, then he clearly 'sees' the Svara. Earlier he used to hear the Svara, and now with his mind's eye, he sees it. This vision of the Svara (स्वर दर्शन) leads him to another vision, where he sees an infinite number of Śruti-s (microtones). Gaining this vision of the Shruti-s (श्रुति दर्शन), he realizes Svara-s are essentially Shruti-s. Hence, he evolves to become a worshipper of Shruti-s (श्रुति उपासक).

Worshipping Shruti-s, he realizes that Shruti-s express themselves in Svara-s; and Svara-s express themselves in Geet (गीत songs), Vaadya (वाद्य musical instruments), and Nritya (नृत्य dance), which combine together to form Sangeet (संगीत music). Hence, he evolves to become a worshipper of Sangeet (संगीत उपासक).

Worshipping Sangeet, he realizes that music is essentially a worship of Nāda (नाद the sound that pervades the entire universe). Hence, he evolves to become a worshipper of Naada (नाद उपासक).

Worshipping Naada, he realizes Naada is Brahma (ब्रह्म the Absolute Reality). By worshipping Nādabrahma (नादब्रह्म) he worships all divinities, as they are all Naada. Hence, he evolves to become a worshipper of Naada-Brahma (नादब्रह्म उपासक).

The Saṅgītaratnākara (1.3.2) mentions:

नादोपासनया देवा ब्रह्मविष्णुमहेश्वराः ।
भवन्त्युपासिता नूनं यस्मादेते तदात्मकाः ॥२॥
– संगीतरत्नाकर (१.३.२)

[with Nāda worship, Brahma, Viṣṇu, Maheṣvarā, are worshipped, without any doubt, because they are of that form]

Worshipping Naada-Brahma, he realizes that the originating source is the Anāhat Nāda (अनाहत नाद), which is AUṂkāra (ॐ, ओंकार oṃkāra, or औंकार auṃkāra, or प्रणव praṇava). Hence, he evolves to become a worshipper of AUMkaara (ओंकार उपासक).

Worshipping AUMkaara, his worldly chains fall away on their own. He finds himself freed from his human bondages. His Ātmā (आत्मा soul) merges with the Paramātmā (परमात्मा supreme soul), and he gains Mokṣa (मोक्ष liberation from the cycle of birth and rebirth).

In this manner, he gains Mokṣa (मोक्ष) with the worship of Svara (स्वर उपासना), Śruti (श्रुति उपासना), Saṅgīta (संगीत उपासना), Nāda (नाद उपासना), Nādabrahma (नादब्रह्म उपासना), and AUṂkāra (ॐ, ओंकार उपासना).

Similarly, from Ṣaḍja (स) the Svara-s evolve from one level of existence to another level of existence. They take births and rebirths in Ati Mandra, Mandra, Madhya, Taar, and Ati Taar existences.

When all the Svara-s are truthfully rendered by the artist, when his Svara Agnihotram is perfect in all respects, then all his Svara-s merge in Ṣaḍja (स). At this time, he experiences the supreme bliss of Mokṣa (मोक्ष) because Ṣaḍja (स) is Nādabrahma (नादब्रह्म) and Ṣaḍja (स) is AUṂkāra (ॐ). Worshipping Ṣaḍja (स, षड्ज उपासना) is equivalent to worshipping AUṂkāra (ॐ, ओंकार उपासना). Hence, the Saptaka Svara Ashtaka Krama starts with Ṣaḍja and further continues with Ṣaḍja.

Thus, the term "Saptasvaro'aṣṭakramaḥ (सप्तस्वरोऽष्टक्रमः)" or the "Saptaka Svara Aṣṭaka Krama (सप्तक स्वर अष्टक क्रम)" is herewith introduced.

~0~

RELATED BOOKS BY RAJEN JANI

MERUKHAND: Svara Permutations Volume 1

Paperback: 320 pages
Language: English
ISBN-10: 1719533148
ISBN-13: 978-1719533140
Product Dimensions: 21.6 x 1.8 x 27.9 cm

MERUKHAND: Svara Permutations Volume 2

Paperback: 412 pages
Language: English
ISBN-10: 1719559139
ISBN-13: 978-1719559133
Product Dimensions: 21.6 x 2.4 x 27.9 cm

This book is for all artists, connoisseurs, students, and lovers of music, especially Indian Classical Music.

Merukhand (literally, mountain part) is a compilation of the permutations of Indian musical notes (Svara). These permutations serve as parts that help to create a mountain of music.

Rajen Jani introduces a new term "Saptasvaro'ashtakramah" or the "Saptaka Svara Ashtaka Krama" in Indian Classical Music, to denote an octave format of the seven Svara.

This book is presented in two volumes, which together have a total of 122,498 Svara permutations. Volume 1 contains 53,218 permutations. Volume 2 contains 69,280 permutations. Respective to the volumes, the permutations are without any exact repetition.

ABOUT THE AUTHOR

Rajen Jani was born on Monday, April 27, 1964, in a Hindu Gujarati Vedic Brahmin family, in India.

His academic qualifications include M.A. (Eng.), M.A. (Soc-1), PGDBA, DCADP, CCHT, CCMT, NCC 'C' No.2 Bengal Air Squadron.

He has also authored *The Mahabharata Book 13 Anushasana Parva; Stained Beds: Cheating Stories; Doctor Faustus [Annotated]; Once Upon A Time: 100 Management Stories; Jesus saith…: The Complete Sayings of Jesus Christ from the Four Gospels; Once Upon A Time-II : 150 Greek Mythology Stories; Hinduism: An Introduction; Old Chanakya Strategy:Aphorisms; and Merukhand: Svara Permutations Volumes 1 & 2.*

Some of his other published writings, fiction and non-fiction, in English, Hindi and Gujarati languages, may be viewed at his websites www.rajenjani.com, and https://rajenjani.in/

Besides writing, he is also interested in Hindustani classical music, reading, painting, cinema, theatre, and travelling.

Made in United States
North Haven, CT
10 September 2024

57197582R00078